老年社會學

出 版 心 語

　　近年來，全球數位出版蓄勢待發，美國從事數位出版
的業者超過百家，亞洲數位出版的新勢力也正在起飛，諸
如日本、中國大陸都方興未艾，而臺灣卻被視為數位出版
的處女地，有極大的開發拓展空間。植基於此，本組自二
○○四年九月起，即醞釀規劃以數位出版模式，協助本校
專任教師致力於學術出版，以激勵本校研究風氣，提昇教
學品質及學術水準。

　　在規劃初期，調查得知秀威資訊科技股份有限公司是
採行數位印刷模式並做數位少量隨需出版（POD＝Print
On Demand）（含編印銷售發行）的科技公司，亦為中華
民國政府出版品正式授權的 POD 數位處理中心，尤其該
公司可提供「免費學術出版」形式，相當符合本組推展數
位出版的立意。隨即與秀威公司密集接洽，雙方就數位出
版服務要點、數位出版申請作業流程、出版發行合約書以
及出版合作備忘錄等相關事宜逐一審慎研擬，歷時九個
月，至二○○五年六月始告順利簽核公布。

執行迄今，承蒙本校謝董事長孟雄、陳校長振貴、歐陽教務長慧剛、藍教授秀璋以及秀威公司宋總經理政坤等多位長官給予本組全力的支持與指導，本校諸多教師亦身體力行，主動提供學術專著委由本組協助數位出版，數量逾七十本，在此一併致上最誠摯的謝意。諸般溫馨滿溢，將是挹注本組持續推展數位出版的最大動力。

　　本出版團隊由葉立誠組長、王雯珊老師以及秀威公司出版部編輯群為組合，以極其有限的人力，充分發揮高效能的團隊精神，合作無間，各司統籌策劃、協商研擬、視覺設計等職掌，在精益求精的前提下，至望弘揚本校實踐大學的辦學精神，具體落實出版機能。

實踐大學教務處出版組　謹識

二〇一六年三月

序 言

　　管理學大師彼得‧杜拉克（Peter Ferdinand Drucker, 1909-2005）在《下一個社會》一書指出，未來十年全球社會將面臨急速老化的現象。社會是人們生活的共同體，是人們各種活動的組織者。高齡化社會及其衍生的議題已成為全球關注的焦點。臺灣邁向高齡化社會無可避免，一項推估：二〇一八年，臺灣六十五歲以上人口占總人口比率，將增加到百分之十四，將成為「高齡社會」；二〇二六年，則邁入「超高齡社會」；五十年後，老年人口將占全臺總人口的百分之四十二；人口老化趨勢來得既快速又迅猛。檢視其因，從社會學角度來看，現代化導致產業結構改變，從農業、工業進步到後工業社會，許多年輕人脫離大家庭到都市生活、成家，傳統家庭價值變得淡薄；加上女性勞動力增加、教育程度提高、自我意識上升，女性猶豫是否該結婚、生兒育女，造成生育率越來越低，經濟的發展及醫療水準的提高，人類平均壽命不斷地延長，高齡人口快速成長已成為社會的趨勢，形成高齡社會的重要因素，因此做好老年關懷作為，是社會邁向高齡化的重點。

　　有鑑於先進國家人口結構老化現象將日益嚴重，對經濟及社會將產生重大影響，各國已實施相關因應政策。聯合國在一九九二年發表了「老化宣言」，希望各國政府展開滿足老人需求的規劃，創造一個「不分年齡，人人共享的社會」；為了達到這個目標，於一九九九年宣布為「國際老人年」。現今世界中，正面臨著一次人類歷史上從未經歷過的巨大變革－人類壽命延長的結果，讓越來越多的人有機會體驗老年的生命歷程。這樣的一種變革，不僅牽動了世代間關係的重新調整，也對當代社會的結構與制度提出挑戰。人類預期生命延長與老年人口比率增加的趨勢，必然對既有的社會、政治、經濟和文化造成莫大的衝擊。因此，探討人口老化的議題，需要結合包括：醫護學、生理學、人類學、心理學、經濟學、社會學和政治學的

專業知識，並藉由文化的觀點探索個體在老化過程中生理、心理、社會與靈性方面的變化現象。以發揮肯定人性尊嚴，秉持正義，發揮仁愛精神，關懷社會，服務人群，使得老年人日益成為一個備受關注的群體，一個有著自身特點和需求的社群。

　　老年社會學（Sociology of Aging）是以社會學的基本理論和分析體系來探討和認識老年現象，特別是作為一種社會現象的高齡化及其議題，是以老化過程－不論是個體的老化或是社會的老化－以老年為考察對象，思索它們對人類社會所代表的意涵，以及應如何因應它們所帶來的挑戰。「預期壽命延長」並不單指出老年人口比例增加的事實，其背後交錯的是更為複雜的社會面向。從鉅觀角度來看，伴隨出現的還有婚姻、家庭結構與勞動年齡的改變，以及對於終身教育和高齡照顧的重視。從微觀角度而言，生命的延長可廣闊生活的觸角，增加追求夢想的機會，讓人生旅途不再限於單一發展，有了更寬廣的生命道路可探索。但也有包括：疾病纏身、貧困孤寂……的可能。由於老人面對許多需要立即解決的問題，因此，老年社會學的研究領域不僅是理論性，更強調其應用取向。隨著社會的進步、當高齡人口占總人口數比例的增加及高齡社會的來臨，老人的相關議題日益受到重視，高齡化社會成為一個重要且急迫的現象。為期系統探索，老年社會學強調藉由寬廣的視野、細膩的思維及無限的活力、創造性生涯，為老年人自尊、健康、安詳、幸福的生活，提供檢視、規劃和服務。

　　回顧二十世紀的歷程，我們可以看到人類在壽命上（longevity）的一大貢獻，認為壽命的延長是人類的進步表徵；但是人口老化現象（population ageing）卻視為未來社會的最大挑戰與主要風險。事實上，老化現象的確挑戰了現有社會安全制度的有效性（validity）與適當性（adequacy）。人口老化已成為全球性的新議題，老年社會學隨著社會變遷也成為重要的新興研究領域。當高齡化已經是不可避免的時代趨勢時，我們必須以新的角度看待老人與老化。老人的生命不是只有養護和照顧，老人需要的是機會和空間。所以更積極的老年政策應該是引導社會如何看待老人的政策，塑造老人認同的有利條件。當我們正快速迎向高齡化社會，不論在食衣住行育樂、

醫藥衛生保健照護等各民生需求，銀髮族都將成為各行各業服務的重要對象。同時伴隨著人口結構變化，老年社會政策及制度亦須有所建置因應。

　　筆者服務於敏惠醫護管理專科學校，學校一以貫之的辦學特色是各專業領域，皆與「健康促進，醫療照護」息息相關，作為一所以健康增進為主軸的學校，這項辦學宗旨體現於促進老人的生理健康、心理快樂、社會圓融，使老人享受健康快樂的生活。為此，積極對高齡者健康促進社區服務與輔導方案，提出前瞻性推動願景，以期達到長者健康促進，增進身體健康及生活品質。並能成為一項示範，將試辦成效推展至其他各社區。以期盼能拋磚引玉引發更多專業探討、關懷與行動，為期推動該作為，必須對高齡者有更為系統的探索。感謝秀威資訊科技公司及實踐大學出版組的玉成，方能將本書付梓呈現。知識分子常以「金石之業」、「擲地有聲」，以形容對論著的期許，本書距離該目標不知凡幾，唯因忝列杏壇，雖自忖所學有限，腹笥甚儉，然常以先進師長的著作等身，為效尤的典範，乃不辭揣陋，敝帚呈現，尚祈教育先進及諸讀者不吝賜正。

葉至誠　謹序

簡　介

　　二十一世紀世界人口變遷的來臨，全球六十五歲以上老年人口將明顯增加。這種銀髮趨勢必將帶來既有政治、經濟與社會的衝擊和影響，老年人成為一個具有獨特需求和特徵的群體受到關注。

　　探索人口老化這個錯綜複雜的變化過程，必須結合生物科學、社會科學、行為科學以及自然科學等不同領域共同探討，以作為相關領域發展老人相關專業工作的基礎。以能培養出具有服務銀髮族、尊重長者、關懷社會的專業人才，以建構一個健康的高齡化社會。

目　次

第一章　老年社會學的概述

前言

　　高齡者是指年齡在六十五歲以上的人，高齡社會則是指六十五歲以上人口占百分之十四以上的社會，現在臺灣社會雖不是高齡社會，但已是高齡化社會，隨著高齡人口愈來愈多，需要關心這個社會現象。二○二六年臺灣老年人口比例將跨越百分之二十門檻，奔向超高齡社會。臺灣從高齡化邁向超高齡社會的時間僅三十三年，遠比法國歷時一百五十六年、美國九十二年短，甚至快於日本的三十五年，人口老化速度非常驚人。

　　隨著高齡化社會的來臨，老人的相關議題，在世界各國備受重視。對現代人而言，長壽已不再是個遙不可及的理想，一九九○年時聯合國大會通過一項重要決議，將每年的十月一日定為「國際老人節」（International Day for the Elderly），以示對老人的尊敬與重視，揭示老人社會的來臨。

壹、老年社會學的基本涵義

　　人類社會在十九世紀以前是沒有「人口高齡化」的概念，因為在該時以前所有人類社會都是無例外的高死亡率；人的壽命短暫，「人生七十古來稀」是過去人口年齡結構的真實寫照。在十九世紀以前人類社會六十五歲以上老年人在全部人口中的比例一般都不超過百分之四，只是到了十九世紀法國和瑞典老年人比例提高了，這時人類還未意識到這將是一個全球性的社會現象。

　　老年社會學（Sociology of Aging）一詞是 Clark Tibbitts 於一九五四年提出的，用於描述與衰老有關的社會心理和文化方面的老年學研究。是運用社會學的理論和方法對人的高齡化和老年社會群體進行研究的一門學科。是以老化過程－不論是個體的老化或是社會的老化－與老年為考察對象，思索它們對人類社會所代表的意涵以及如何因應它們所帶來的挑戰。它既是老年學的組成部分，又是社會學的一個分支學科。人的高齡化是老年社

會學產生的最根本的社會條件。現代社會由於科學技術的進步、醫學的發達，人的壽命越來越長，老年人口在總人口中的比例越來越高，這種人口的高齡化過程已成為發達社會必然出現的一種趨勢。高齡化的趨勢在二十一世紀還會加速。同時，現代社會工業化和都市化的結果，老年人的社會經濟地位發生了變化，改變了老年人贍養關係，並使老年人的社會顯著度大為增加。這些因素大大促進了老年社會學的系統研究。

人口高齡化作為人口現象的一個概念，當老年人口在人口中的比例增大時，稱之為人口高齡化。易言之，是指總人口中年輕人口數量減少、年長人口數量的增加而導致的老年人口比例相應增長的動態過程，它強調人群的老化，而不是個體的老化。個體的老化是單向的，不可逆轉的，而人口高齡化則是老年人口在總人口中相對比例的變化。但通常人們對人口高齡化的理解常常隱含著：老年人規模增大、增長速度加快、老年人口在全部人口中比例增加，因為在一般的人口發展過程中，三者常常是同時出現的。

表 1-1　老年社會的區分

項目	人口結構	臺灣實況
高齡化社會 （Ageing Society）	指一個國家內六十五歲以上的人口，占總人口比例百分之七以上。	我國從一九九三年九月起，即進入高齡化社會。
高齡社會 （Aged Society）	六十五歲以上者占總人口數百分之十四。	預計二〇一八年即進入高齡社會。
超高齡社會 （Super Aged Society）	六十五歲以上者占總人口數超過百分之二十。	預計二〇二六年即進入超高齡社會。

（資料來源：作者整理）

人口學通常認為六十歲以上或六十五歲以上的老年人口比重分別達到百分之十或百分之七以上，就稱為人口的高齡化。這種狀況在古代和中世紀是不存在的，當時人的壽命普遍較短。十九世紀七〇年代，法國成為世界上最早出現人口高齡化的國家。由於人口結構的特質，目前臺灣六十五歲以上者已超過二百八十萬人，占總人口數百分之十二，人口老化現象突出。

　　老年社會學之所以在近代形成為一門綜合性學科，並在許多國家迅速發展，大體有以下社會因素：

表 1-2　人口高齡化的主要原因

項目	內涵
預期壽命延長	因科學的發達、社會的進步等諸種因素的作用，人的壽命日益延長，使到達老年期的人數在總人口中的比重逐漸增加。
醫療科技進步	現代醫藥科學的發展，醫療技術進步，公共衛生水準提高，為老年人壽命的延長提供了促進效果。
生活水準改善	都市化和現代化的推展，使老年人的生活水準及社群參與日益顯著，成為社會上引人關注的群體。
新生人口銳減	隨著社會生活型態的改變，家庭生育人口的驟減，加以高齡者增加，在相對的人口比重，促成加速人口結構的高齡化。

（資料來源：作者整理）

　　觀諸若干先進社會所呈現的人口高齡現象，是伴隨社會經濟發展出現的一種人口年齡結構老化情景，導致包括：產業勞動力資源相對短缺的缺工問題；社會資源偏向老年人福利及醫療開支，令國家財政負擔過高；勞動人口減少，造成企業有可能遷移至勞動力較高的國家。為了對應高齡社會，因此，除了實行鼓勵生育政策，解決少子化；進行產業技術升級，增加產能供家庭所需；積極發展老年人口產業，創造新產值；運用國際人口遷移政策，補充人力；提高退休年齡等對應外，鼓勵老年人口持續工作，建設普及化的自動化設施，加上穩定的社會保障等措施，以促使老年人也可以從容的參與生活。

　　我國人口高齡化發展與其他國家比較有其明顯的速度，應該積極面對。高齡老年人比低齡老年人需要更多的醫療保障和日常生活照料，面對高齡老年人不斷增多的前景，應當提早制定相應對策。在作出應對決策之前，必須正確分析我國人口高齡化的特點、成因及其發展趨勢，並進行國際比較，這將有利於我們系統決策、有效應對。由於高齡者預期壽命增長的比例日益增加，老年社會學將長者區分為：

表 1-3　老年人的區分

項目	年齡	內涵
初老人（young-old）	六十五到七十四歲	含飴弄孫族
中老人（old-old）	七十五到八十四歲	年高德劭族
老老人（oldest-old）	八十五歲以上	安養天年族

（資料來源：作者整理）

　　人口高齡化（Ageing of Population）或稱為人口老化，人口高齡化不等於人口衰老。現代社會因工業化引起了社會結構和家庭結構的變化，也使得贍養老年人的事務部分地從家庭轉向社會；工業化所建置的保障制度，使得工作成員於服務期間進行贍養老年生活保障的社會保險金、退休年金等。老化過程在不同文化及社會中，差異極大。究其老化區分為：

表 1-4　個體衰老現象的區別

項目	內涵
自然老化（chronological aging）	人自出生後一直進行的老化過程。人的腦力二十歲時最佳，之後便逐漸衰退，直至六十五歲約有百分之五的老年人罹患老年痴呆症。
生物老化（biological aging）	是物理上的改變，減低了器官系統的使用效率。如肺臟、心臟及循環系統。是一種隨著有機體自然老化，細胞繁殖數會減少，又稱功能性老化（functional aging）。
心理老化（psychological aging）	包含感官和知覺過程的變化、心理功能的變化（如記憶力、學習能力及智慧）、適應力的變化及人格的變化。因此，一個人若是心智上仍能保有活力，也很能適應環境，就可說是心理上還很年輕。
社會老化（social aging）	是個人的角色以及與他人的關係，在以下幾種情況下的轉變：家人和朋友間、有酬及無酬的生產角色以及各種組織參與，如宗教和志工團體。

（資料來源：作者整理）

　　人的自然年齡、生物年齡或心理年齡若老化，則社會角色和社會關係也會隨之改變。社會環境（social context）會隨著不同的人有相當程度的變化；個人老化的定義，以及老化經驗是正面或負面，大都是受個人及社會環境所影響。

貳、老年社會學的探討範疇

人的老化是一種生物過程，也是一種社會過程。老化（aging）一詞泛指有機體一生中的所有變化，這些變化有的好、有的壞，也有的無傷大雅。年少階段稱做「發展」或「成熟」期，因為一個人從出生到青春期，社會及外觀上都還在發展、接著成熟。過了三十歲，人體會出現更多變化，反映器官功能的下降，這是正常現象，稱做「衰老」（senescence）。「衰老」現象逐漸遍及整個人體，到最後減低了體內不同系統的功能，也降低了人體對疾病的抵抗力。人的高齡化是一種生物過程，也是一種社會過程。老年社會群體的存在與發展，實際上是這種過程的產物。老年社會學就是研究這種過程的社會方面以及老年群體的各種社會特徵與活動規律。

受到高齡社會的君臨，對人口高齡化與社會發展的關係進行系統的推斷，以作為人類對應高齡現象。一九八二年維也納高齡問題世界大會認為：「高齡人口的增長和兒童數量的相對減少，將顯著地改變社會和經濟許多結構；然而，人口老化不一定會造成嚴重的經濟障礙。」就長者的生活需求，強調的是：「老有所養、老有所為、老有所學、老有所樂和老有所醫」等五個目標，這些皆屬老年社會學所探討的範疇，爰此，須就下列議題進行探討，包括：

表 1-5　老年社會學的探討

項目	內涵
人口結構的高齡化	人口高齡化是人的老化作用於整體人口的一種結果，同時又是社會人口發展的必然趨勢，它的重要的指標是老年人口在總人口中的比重。老年社會學根據這一比重及相關指標，研究人口高齡化的程度及其發展的規律與特徵。
老年人的再社會化	社會學家對人口高齡化與社會經濟發展之間的關係進行了多方面的探索。它涉及到勞動就業、勞動生產率和勞動人口的關係，對消費市場的影響，與社會人口負擔及贍養負擔的關係，對建設規劃的影響等進行探究。
老年人的發展任務	老年人的家庭雖然會受整個社會家庭演變的影響，但由於男女壽命的差異，老年人的發展必然具有本身的特點，如：鰥寡老人增加、代際關係、贍養關係問題等。

老年人的社會保障	社會保障制度和社會保險是老年勞動者生活保障的主要依靠。有關這方面的研究涉及到老年健康增進及社會保障制度的建立，保險基金的徵集，享受的範圍及條件，以及年金的管理等問題。
老年人的生涯規劃	社會愈發展，老年人的壽命就愈長，科學技術的進步使老年人可承擔的工作也多起來，因此高齡社會存在著老年人就業或重新就業的問題。
老年人的教育議題	教育的終身性已經得到當代社會越來越普遍的承認。老年人的教育不僅有助於老年人自身生活的調整，還有助於社會的協調發展和發揮老年人在科學技術上的作用。
老年人的生活適應	在現代社會中，對老年人的扶養與服務，將更多地由社會承擔。老年人的扶養與服務機構的建立、組織管理將愈來愈重要。
老年人的社會需求	老年人閒暇時間將比過去多，社會保障制度的普遍實施，老年人用於閒暇時間的消費也比過去多，如何滿足老年人這方面的需要已成為一個重要課題。

（資料來源：作者整理）

　　早在二十世紀初，西方國家就已有學者開始從事現代老年醫學與老年保健研究，並出現了老年醫學這一名詞。四〇年代西方國家生物學家借用希臘文合成 gerontology（老年學）一詞，老年學逐漸成為一門正式的學科，社會學界也有一些學者致力於老年社會學的研究。第二次世界大戰後，法國人口學者皮撒（B. Pichat）發表《人口高齡化及其社會經濟後果》一書，以歐洲各發達國家的人口高齡化過程的資料，論證人口高齡化的必然趨勢及其社會經濟可能出現的後果，系統論證高齡化現象。提出以六十五歲以上為老年人，並以其比例區分社會的不同型態：

表 1-6　依據老年人口比例區分社會型態

項目	內涵
年輕型社會	老年人占社會人口百分之四以內。
成年型社會	老年人占社會人口百分之四至七以上。
老年型社會	老年人占社會人口百分之七以上。

（資料來源：作者整理）

　　在當時人口的壽命沒有今天長，六十歲及以上人口居百分之十或是六十五歲以上人口居於百分之七大體相當，所以都認為達到這一數量界限就

是人類社會進入高齡社會，作為老年型人口或高齡社會的「門檻（或稱閾值 Threshold）」。

根據金齡理論（Golden Age Theory），老化的程度應該依照下列五項綜合的健康指標，來確定每一個老年人所屬的老化水準：

第一，身體健康度（physical health, P.H.）。

第二，心理健康度（mental health, M.H.）。

第三，社會健康度（social health, S.H.）。

第四，經濟健康度（economic health, E.H.）。

第五，日常活動度（active daily living, A.D.L.）。

依據上述，金齡理論將老年期分為三期：

表 1-7　老年期的區分

項目	年齡	內涵
金齡一期	係指健康的、活動力充足的，而且能獨立處理日常生活的老年人。	占老年人人口比例的百分之七十至八十；初老（六十五至七十四歲）比率占約百分之七十。
金齡二期	係指有點病症或衰弱的、活動力較差的，有時需要他人幫忙才能處理日常生活的老年人。	約占老年人人口比例的百分之十至二十；中老（七十五至八十四歲）比率占約百分之二十五。
金齡三期	係指有嚴重疾病或失能的，完全不能自理日常生活的老人。	約占老年人人口比例的百分之二至七。

（資料來源：作者整理）

參、人口高齡化的社會現象

「我為人人，人人為我」說明人是屬於群居的生物，我們的一生在整個社會結構的位置，一直在改變。每個都是依年齡分級的（age-graded），亦即不同年紀的人，在社會上都有不同的角色、期待、機會、地位及限制。社會大眾對於就學年齡、就業年齡、生育年齡及退休年齡都有定見。年齡是一個社會構念（social construct），有其社會表面意義及涵義。年齡分級於

不同文化或歷史時期中有所差異。世代（cohort）－描述出生時間接近，因此有許多共同經驗的一群人。如經歷工業革命、經濟大恐慌、一次及二次大戰、電腦科技、網路資訊的一群人。

　　人口老化已成為當前全球性普遍而深遠的社會現象，其中影響的不只是一個國家或地區人口結構比例，更包括維持經濟及社會發展所需的相關資源。衡量一個社會人口高齡化有多項指標，包括：

一、人口老化指數

　　它的計算方式，是以六十五歲以上人口數，除以十四歲以下人口數，所得出的比率，即為一個國家的人口老化指數。該指數越高，代表高齡化情況越嚴重。二〇一二年全球人口老化指數約為百分之三十，高度發展國家的老化指數已達百分之一百，低度發展區域約為百分之二十一；其中，歐洲摩納哥的老化指數百分之一百八十五為世界之最，日本的老化指數亦高達百分之一百七十七，德國為百分之一百六十二，英國為百分之九十四，韓國為百分之八十一。在臺灣為百分之七十三，與澳洲接近，高於大陸的百分之五十三。根據國發會推估，我國將在二〇二五年達到日本目前的老化指數。

二、扶養比

　　所謂扶養比，指的是每一百個工作年齡人口（十五至六十四歲人口）所需負擔依賴人口（即十四歲以下幼年人口及六十五歲以上老年人口）之比率，亦稱為依賴人口指數。

　　計算方式為：扶養比＝（0-14 歲＋65 歲以上人口÷15-64 歲人口）×100

三、扶幼比

　　所謂扶幼比，指十四歲以下幼年人口占十五至六十四歲人口之比重

　　計算方式為：扶幼比＝（0-14 歲人口÷15-64 歲人口）×100

四、扶老比

所謂扶老比,指六十五歲以上老年人口占十五至六十四歲人口之比重。

計算方式為:扶老比＝(65 歲以上人口÷15-64 歲人口)×100

將扶幼比加上扶老比,就是所謂的「扶養比」,其中扶養比率愈高,表示每位有生產力的成年人所需扶養的無生產力年齡人口愈多,負擔也愈重。

根據國發會推估,二〇一〇年時平均約每七個工作人口扶養一個老人,二〇二五年時為每三個人扶養一個老人,二〇五〇年時每一點四個人扶養一個老人。因此,在人口老化、少子化及扶養比愈來愈高的臺灣,及早為社會建構一個合宜於高齡者生活尊嚴的社會,顯得重要而迫切。

五、老少比

所謂老少比是指老年人口與少兒人口數之比,在以六十五歲為老年人口年齡起點的情況下,老少比等於六十五歲及以上人口數,除以零至十四歲少兒人口數的百分比,老少比低於百分之十五的人口為年輕型人口,高於百分之三十的人口為老年型人口,介於兩者之間的是成年型人口。

六、人口年齡中位數

將總人口按年齡排列分成人數相等的兩部分的年齡,一半人口在年齡中位數以上,一半人口在年齡中位數以下,所以,年齡中位數的上升或下降可以清楚地反映總人口中年齡較長的人口所占比例的變動情況,它是度量人口年齡結構的常用指標,也是度量人口高齡化的基本指標之一,如果人口年齡中位數提高了,則人口一般出現高齡化,如果降低了,則一般為人口年輕化。按照人口學的劃分方法,年齡中位數低於二十歲為年輕型人口,在三十歲以上是老年型人口,介於兩者之間是成年型人口。年齡中位數增加,老年人口比例上升,老少比增長等都是表示人口高齡化程度的指標。

七、老化

老化（aging）：生「老」病死，是人一生中不可抗拒的歷程，老化是人自出生在人生過程中，所發生一切變化的總稱。老化是生理狀態隨時間而惡化的現象。衰老是生物老化的過程。

表 1-8　個體衰老現象的區別

項目	內涵		
生物學老化	主要器官生理功能的效率。	原發性	由於長期消耗，細胞或組織代謝物的積存而造成對身體有物化的傷害、神經分泌等變化。
		續發性	由於疾病或物化刺激外傷等傷害－細菌感染，放射線。
心理學老化	個人對環境適應狀況，包括認知、感覺、記憶、學習、解決問題的能力、態度、人格及適應情緒之功能。		
社會學老化	在家庭、工作、社區內所扮演的角色及其興趣和活動。即老化足以退休時稱之。		

（資料來源：作者整理）

八、衰老

衰老（senescence）：指人在成熟後所發生退化的改變。例如血管彈性變差、動脈擴張彎曲、心臟擴大、心臟瓣膜纖維化、血管壁鈣化等，都是心臟老化的症狀。避免衰老－著手於成功老化包含生理、心理和社會三個層面，在生理方面維持良好的健康及獨立自主的生活；在心理方面適應良好，認知功能正常無憂鬱症狀；在社會方面維持良好的家庭及社會關係，讓身心靈保持最佳的狀態，進而享受老年的生活。

人口老化加速意謂著勞動人口持續減少、扶養比逐漸攀升，除了需確立各國老年福利照護是否完善外，超高齡社會恐成為全球經濟成長減緩的原因之一，也是當前全球不得不正視的問題。人口高齡化，代表年輕勞動力將逐漸減少，假若其他生產因素均維持不變，勢必造成整體產能下降，青壯年生產人口負擔加重。而少子女化更讓青壯年人口必須外出工作，無

法兼顧照護老年人的責任,更形成高齡者無法受到合宜照顧的問題。近年來,老人的議題除了福利制度及醫療照護外,更重要的是對於老年國民如何施以教育,以保障老年人學習權益並落實終身學習理念。我國於二〇一五年首部《高齡社會白皮書》,以「健康、幸福、活力、友善」等四大主軸研議老人全方位照顧政策。結合民間非營利組織與社會企業資源共同參與,以落實「為老人找依靠」,為老人提出食衣住行育樂全方位照顧服務。其中健康方面,針對健康、急性病患及長期失能者等,分別從生活照顧、醫療服務及長期照顧等建立服務體系。對於健康或亞健康的老人,從健康老化、在地老化、活力老化、樂學老化及智慧老化等五大核心主軸,普設以里鄰為單位的社區照顧關懷據點,讓老人透過太鼓、繪畫、拍打功等學習課程,在社區活動,活得更健康,以減少家庭壓力及健保支出負擔。

肆、人口老化對社會的影響

現代社會由於科學技術的進步、醫學的發達,人的壽命越來越長,老年人口在總人口中的比例越來越高。這種人口的高齡化過程已成為發達社會必然出現的一種趨勢。據聯合國推估人口高齡化的趨勢在二十一世紀還會加速。同時,現代社會工業化和都市化的結果,老年人的社會經濟地位發生了變化,改變了老年人贍養關係,並使老年化的社會現象顯著增加。這些因素促進了老年社會學的系統研究。

學齡人數驟降、高齡社會提早到來、工作年齡人口比率降低,對社會經濟會有重大影響。高齡化(Ageing)的現象,包括:

表 1-9　高齡化對個人及社會的影響

項目	探究	著重	觀點
個體高齡化	涉及健康和心理方面的問題	人道主義問題	微觀的
群體高齡化	探究高齡化導致的社會問題	著重發展問題	宏觀的

(資料來源:作者整理)

　　健康的高齡社會中，健康一詞涵義很廣，可以理解為健全、美好、和諧、協調、良性運行和樂觀的等等，但最核心的是社會結構和功能保持健康，以適應人口高齡化的情況、問題，具有應付人口高齡化挑戰的能力。健康的高齡社會著眼的不僅僅是老年人這個群體，而是整個社會和老年人以外的各個群體的根本利益和長遠利益，因此是從可持續發展的角度來衡量健康社會的標準。在高齡社會的結構和功能要比過去更多考慮老年人這個群體的存在，但最終仍是為了社會的可持續發展和全面發展。高齡社會是人類未來長久、固定的社會型態，了解、解決高齡社會問題，「3G」將逐漸成為面對未來以高齡人口為主的人類社會重要的知識領域。

　　高齡工作是指應對人口高齡化的各項工作，是指滿足老年群體需要的各項工作，除了保障老年人的基本生活之外，還需要適合老年人心理、醫學等諸多方面的專業服務，面對高齡社會的發展應該是確保老年人的生活保障。同時重視人口高齡化可能帶來的政治、經濟、社會、文化等影響，能防患於未然，如老年養老體系、老年醫療保障體系、高齡長照政策與法律體系、高齡科學研究和專業人才培養等等。而且高齡社會服務工作需要預為綢繆，在老年人群體進入高齡化社會以前就做好準備，諸如養老基金的籌措、衛生保健體系、老年設施的建設等等。這類高齡工作著眼於人口高齡化，也涉及其他人口，因而高齡工作絕不等於老年人工作，常常要涉及國家人口政策，涉及老年人以外的其他年齡群體。

表 1-10　高齡社會個體衰老現象的區別

項目	內涵
老人學 （Gerontology）	研究人類老化過程中心理、生理、社會等層面的現象。
老年醫學 （Geriatrics）	是醫學的一部分，致力於老年人的健康和疾病照顧。
老人福祉科技 （Gerontechnology）	對於產業界可以提供更多的機會和挑戰。

（資料來源：作者整理）

為建立一個健康高齡化要昇華為健康高齡社會，須促使人人著重健康生活，根據世界衛生組織（WHO）所強調的健康作為，包括：

表 1-11　健康高齡社會促進人人接受健康生活

項目	內涵
生理方面	要能維持良好的健康及獨立自主的生活，避免疾病或失能並且減低罹病的風險是很重要的。經由飲食與運動來降低血壓、血糖、體重或膽固醇可以減少許多心血管疾病，其他像是戒菸，避免過量飲酒，以及施打疫苗等都可以預防疾病的產生，而要有良好的健康，最困難的恐怕是在毅力，能夠持之以恆的適當運動。
心理方面	要能適應良好，認知功能正常且無憂鬱症狀，重要的是自我訓練和自我調適，常常邁向老年時身體和心靈都懶散了，覺得年紀大了該放鬆一下，但這一放鬆下來，腦筋就不轉了，生活也沒有了目標，老化的速度就會更快速。
社會方面	要能維持良好的家庭及社會關係，積極發揮老年人的影響力，不管是分享自己的人生經驗，從事社會公益活動，像是幫忙社區失能老人，協助社區文物歷史的保存，讓年輕一代更了解生活環境的歷史和文化等，都可以讓退休後的生活更加多彩多姿。

（資料來源：作者整理）

一個高齡社會發揮什麼樣的社會功能、達到什麼樣的社會結構，特別是老年人這個群體在社會結構中的地位，扮演什麼角色才最有利於社會的發展；另一方面，社會結構如何適應高齡化的特點，現在來全面回答還為時過早，因為人類認識高齡化還不過幾十年。但從這幾十年已經高齡化的國家的實踐和我國歷史經驗來看，一個健康的高齡社會具有下列一些標誌是可以做到的。

以健康的生活應對高齡化社會，健康是指人類個體或群體的軀體、心理和社會的完美狀態。這種狀態不能僅靠醫療技術或藥物來達到，必須有自覺的身體鍛鍊，保持良好的心態，合理的飲食起居生活習慣，健康的行為方式，更重要的是整個社會生活環境都令人身心健康。

表 1-12　促進健康高齡社會的作為

項目	內涵
健康促進	發揮社會對老年人健康的保障功能，使大多數老年人都能健康長壽，把它作為一個社會目標，在客觀上就要求全民健身、養心，使各年齡組都健康地進入老年，進入老年後努力延長健康壽命使更多的人能無疾而終。
社會保障	發揮社會對老年人經濟和社會保障功能，使老年人絕大多數都能過有保障，有安全感，不受歧視，繼續參與社會能自由實現自身價值的有意義的生活。
均衡人口	發揮社會控制的功能，通過計畫生育和人口遷移，使人口的年齡結構相對合理，不使老年人口在全部人口中的比例過高，增長過快，即有利於人口再生產、有利於社會經濟良性運行和對老年人提供生活照料。
精進效能	發揮社會的生產功能，繼續保持持續、快速、健康增長，不斷調整生產結構以滿足人口高齡化對物質和服務的需要，把提高勞動生產率作為社會保障老年人經濟需要的根本保證。
社會公義	發揮社會在資源分配中的調節功能，在共同富裕的大前提下，本著效率優先、兼顧公平的原則，保證老年人享受社會發展成果。
世代交替	發揮社會的繼承功能、組織功能，在宏觀上不斷協調代際間在思想上，經濟利益與世界觀、價值觀上的分歧，提倡優勢互補，互相支持，使優秀文化（含物質文明和精神文明）能實現良好的社會繼承和世代交替。
統合協調	發揮社會的協調功能、導引功能；在微觀上協調好家庭的代際關係，協調好和各種社團和其他年齡人群的人際關係，使機構安養、家庭安養和社區安養能密切合作，使幾代人各得其所。
整合資源	發揮社會的組織管理服務職能，把國家機構、企業、社會團體、社區和各種老年組織之間的分工合作，整合起來解決各種高齡社會特有的難題。
政策立法	發揮社會的引導作用，透過立法、體制改革和制度創新，把古今中外已經證明有利於高齡社會發展的各種制度和行為規範，用法律的形式，使國家、社會團體和社會成員共同遵守。
社會倫常	發揮社會導向功能，通過各種輿論和宣導教育，把有利於高齡社會發展的傳統倫理道德和時代精神，潛移默化地灌輸到社會成員，使尊老愛幼成為一種社會風尚。

（資料來源：作者整理）

結語

　　社會作為人類生活的共同體，涉及的領域很廣泛，有政治、經濟、社會、文化、保健、法律、科學等各個方面。健康高齡化是一個健康的高齡

社會的前提，一個必要條件，但不是充分條件。僅有健康高齡化還不足以對付人口高齡化的各種挑戰，還必須昇華到為一個健康的高齡社會，只有用全社會的合力，發揮社會各種功能才能解決高齡社會各方面的難題。

在一九九七年國際老年學學會的主題是「二十一世紀的人口高齡化：同一個世界、共同的未來」。說明人口高齡化是二十一世紀對人類的一個最嚴重的挑戰，在人類歷史上是空前的。社會高齡趨勢是一個重要的發展議題，高齡社會的特點是老年人數激增，因此滿足老年人需要是這個社會的一項重要任務。老年人除了保健需求外，有經濟收入的需求、生活照料需求、住宅需求、精神慰藉和實現自身價值的需求。人口老化因人口年齡結構變化對社會政治、經濟、社會、文化各方面深刻的影響；涉及老年個體的社會地位、代際關係、世代交替、家庭和睦和供養體系等社會機能，成為老年社會學所關注。

第二章 老年人的生理特徵

前言

人口高齡化的浪潮正席捲全球，隨著生活水準和醫療技術的進步，無論是開發中國家或是已開發國家均面臨「高齡社會」的到來。人口老化對社會的衝擊與影響是全面性的，包括政治、經濟、文化、制度及教育均牽涉其中。老年社會學焦點擺在社會層面的老化探討，亦即從社會科學觀點探究老化過程與社群面對人口結構老化議題的一門學問。因此，除了「生理（physical）」的老化外，生理老化所以引起關注是因為它影響個人與社會相互適應的方式。尚有「非生理（nonphysical）」層面的老化，亦即心理、社會心理與社會層面的老化是老年社會學要探究的議題。

隨著高齡人口數的增加以及平均壽命的延長，使得高齡者有更多的機會面對生命重大事件的衝擊。依據世界衛生組織對健康的定義：「健康是生理、心理及社會皆達到完全安適狀態，而不僅是沒有疾病或身體虛弱而已。」更說明了，老年人的健康應從透過身體健康促進、心理適應及社會參與等三方面一同並進。老化的社會學理論幫助人員從「生活在社會環境中的人」，這個角度看待老年人，瞭解老年人生活的社會對他們的影響。在老化的社會學理論中，影響老化的因素有人格特徵、家庭、教育程度、社區規範、角色適應、家庭設施、文化與政治經濟狀況等。

壹、高齡者的身體變化

「老化」，一般來說是被定義為生物體隨著年齡的增加因而喪失某些生理機能，如生育等能力，進而邁向死亡的一種過程，所以老化是一種過程而非疾病。衰老的特徵又稱為「老徵」，是衰老徵象的簡稱。老化究竟是疾病與環境緊張所造成，還是人類年齡發展到一定歲數後，因生理因素自然發生的結果。人體衰老過程是一個隨年齡而逐漸演變的過程，到了老年，隨著組織器官的萎縮，機能的減退，必然出現一些明顯的衰老的特徵，包

括：預備力減少、適應力減退、抵抗力降低、自理能力下降。所謂衰老的特徵，是指在衰老過程中，從生物的體表型態到器官的生理功能，及至器官相互之間的調節控制都表現出衰老期所特有的變化。

　　老年，顧名思義就是指處於人生發展階段最後一個時期的人們，且是無法避免的一個階段。在此過程中，最明顯的特徵就是老化，其包括生理上、心理上、功能上及社會上各方面。就高齡者的身體變化歸納為：

表 2-1　個體身體外形的老年變化

項目	內涵			原委
頭髮	變白和稀少，人在五十多歲後就會出現黑白相間的鬢髮，不少人在四十歲時開始有白髮和頭髮脫落。一般頂部的頭髮易脫落，而頭部四周不易脫落，男性脫髮比女性多。	六十歲	約有百分之五十以上出現白髮，百分之八十出現禿頭。	老年人頭髮和鬍鬚變白的原因是身體內黑色素合成障礙，髮中色素減少，空氣增多之故。脫髮則由於皮下血管營養不良、毛髮髓質和角質退化，毛根萎縮而再生力弱，致成為細的毛，結果脫落。至於眉毛，雖老化對其影響不明顯，但眉的外側三分之一因受甲狀腺控制，所以少女的眉毛長而美。
		七十五歲	白髮達百分之七十，禿髮在百分之九十以上。	
		七十至八十歲後	鬍鬚可變為「銀鬚」，一般不脫落。	
皺紋	老年人皮膚皺紋以面部為顯著，在前額和外眼角兩旁首先出現皺紋，外眼角的皺紋呈扇形擴散。人從二十歲開始，前額部就可出現皺紋，三十至四十歲增多。皺紋最初是很淺的痕跡，隨年齡增長，逐漸加深和增多。老年人的上下眼瞼以及口角也有皺紋出現。			發生皺紋的原因是老年人皮膚營養障礙，皮下脂肪減少，皮膚彈性減弱，皮膚膠原纖維的交鏈鍵增加，使皮膚的結締組織收縮而產生皺紋。
老年斑	老年斑是一種稱為脂褐素的色素物質沉澱在皮下而形成的。在四十歲以後，皮膚常出現棕色的色素沉著斑，這種斑點叫做老年斑。老年斑多出現在身體的暴露部位如顏面及前臂、手背。			老年斑發生的原因是由於老年脂肪代謝改變，體內抗過氧化作用的過氧化物歧化活力降低，故自由基增加，從而使不飽和脂肪酸被自由基氧化成脂褐素的反應增加，以致於產生更多的脂褐素積存在皮下，形成褐色素老年斑。
皮膚	面部皮膚鬆弛是突出的老徵之一，與老年人皮膚水分減少、結締組織老化、彈性纖維減少或喪失、皮下脂肪逐漸減少等諸因素有關。			老年人由於皮膚鬆弛，重力的關係，使眼角及嘴角表現出下垂。

眼睛	眼睛是衰老的窗戶。老年眼瞼多鬆弛無彈性，下眼瞼可見囊狀下垂，到晚年常因眼窩裡脂肪消失，使眼球下陷，角膜透明度及光澤下降，老人在角膜周圍常可出現一個白圈，稱「老人環」，「老人環」為一種類脂質沉著，對健康無影響。	老人因眼球晶體失去彈性，肌肉調節變弱，故在四十五歲左右，近視力明顯減退，出現老花眼。另外，還可出現老年性白內障等。
牙齒	六十歲的人牙齒殘存十四點一個、七十歲時殘存十點九個、八十歲殘存六點九個，女性殘存牙比男性少。	由於牙齒脫落，頷骨、頷關節引起相應的變化，使唇部及頰部失去了原來的豐滿，外貌消瘦，顴骨和下頷骨下緣突出，呈典型的老年貌。
汗毛	上了年紀之後，頭髮會減少，臉上的汗毛倒增加了，男性的眉毛會變粗，外耳的內耳道開始長出汗毛。	由於荷爾蒙的缺乏，更年期後的女性臉上會長出汗毛，尤其是在下巴上。
耳朵	老年時我們的耳朵會變得比較寬、比較長。鼻子也有同樣的情形。	臉部皮膚變薄更增強了這種視覺效果。
下巴	彈性蛋白量的改變及皮下脂肪量的更動，使皮膚凹陷。在手臂和下巴下方，這種情形看得最為明顯，後者便形成雙下巴。	下顎骨質的流失，也使得下巴看起來往後縮。
身高	身高隨年齡而下降，據報導，從三十至九十歲，男性身長平均減少百分之二點二五，女性減少百分之二點五，女性減少常比男性明顯。	老年人身高下降的原因是由於椎間盤萎縮、脊柱彎曲、脊椎變扁、下肢彎曲以及身體組織萎縮性改變所引起的。至於這些骨骼變形的原因，則與老年期鈣代謝異常和骨質疏鬆有關。
體重	隨著年齡增長，大多數的老年人體重逐漸下降。	老年人體重減輕的原因與身體各臟器的細胞組織萎縮及水分減少等諸因素有關。
體態	女性變化尤為顯著，表現出乳房萎縮，腹部及腰部脂肪增多，走路抖抖顫顫，變成一個白髮蒼蒼屈腹弓背的老人。	隨著衰老的進展，絕大部分脂肪逐漸消失，肌肉萎縮。
體表	以三十歲時為基準，則有老年人體表面積減少百分之五左右。	老年人體表面積隨身高和體重的改變而變化。

（資料來源：作者整理）

老化，係指身體結構或功能的一種減退或退化現象。高齡人口高居不下的多重慢性疾病患盛行率，也使得老年人比起其他族群更常跑醫院。無論是門診、住院或者其他健康照護服務，擁有多重慢性疾病的老年人都比其他人有較高的醫療資源使用率。當疾病一旦超過三種以上時，常常跑醫院成為這些老年人生活的主要形式，往往造成家人疲於奔命，工作和照顧家中老人兩頭兼顧。這對整體健康照護資源的花費也形成相當巨大的影響，隨著高齡人口不斷攀升，全民健康保險的財務狀況也屢屢面臨挑戰。

貳、高齡者的生理變化

老化、衰弱是人類必經的過程，可以說是由健康邁向不健康的一個關鍵時期，但若能有因應措施，老年人也可以有健康的老年生活，若沒有妥善的老年醫療模式，人體則會由快速老化走向失能、疾病與死亡。生命週期理論中強調老化過程只是人類生命中的一個階段而已，就如同青少年時期與壯年時期般一樣，每個階段都只是一個必經的過程，老化是在走完生命的一個階段所顯現出來的生理機能變化。老年社會學探討許多議題大多是涉及由個體的老化所引發的社會高齡化，與個人生理、心理和健康方面有關的社會議題。

一、衰老現象

隨著年紀一年一年的增長，我們的身體與生、心理大多會有所變化和退化，也因為老化的過程常會帶來許多病痛和身體的不適，以致於導致老年生活上的不便，雖然有時候身體不適與生活的不便，不一定都是因生理機能退化所引起，而是由於某些疾病所導致。衰老並不是人過中年之後突然發生的現象，而是人的整個生命過程中身體各個器官和系統以及個人精神世界自始至終不斷發生的變化的結果，是經過長時間的積累而或遲或早地明顯表現出來的。但是老化卻是影響生理變化與退化很重要的一個因素。老年人往往同時有許多種慢性疾病纏身，同時隨著預防醫學的重視與主動篩檢的普及，多

重慢性疾患的盛行率也有愈來愈高的趨勢。根據歐洲調查發現，六十五歲以上老人有超過三成以上具有四種以上的慢性疾病，而這個數字到了七十五歲以上老人，則高達將近六成。換句話說，超過一半的老人，都有好幾種疾病伴著人們老去。老化是一種持續一生的過程，其發展並不會停止。「老化」是受遺傳、營養、健康和環境等多種因素所影響的複雜過程。而老化是成年期最重要的發展過程。人體作為一種生物體，都要按照生物規律，經歷由胚胎到出生、發育、成熟、衰老、死亡的統一而完整的生理生命過程。人體的發育、成熟、衰老、死亡過程，又受到精神因素和社會因素的制約。個人的衰老包括五個方面：

表 2-2　個體衰老的現象

項目	內涵
年齡衰老	生命過程進行的累計時間增多，形成生理及心智上明顯的變化。
生理衰老	人體組織達到成熟之後，隨著時間的繼續推移和年齡的繼續增長，組織結構和生理功能在生理學、解剖學方面發生的一系列變化，包括：循環系統，呼吸系統，消化系統，排尿系統，體溫調節，體液調節，血糖調節，內分泌機能的下降。
活動衰老	視覺、聽覺、味覺、觸覺、平衡感等等的感覺機能普遍下降。因生理衰老造成視、聽、觸、嗅等感覺能力降低，記憶、聯想、思考等反應能力降低，體力、腦力和情緒的耐受強度和持續時間降低，對於內外環境變化的適應能力降低，導致全面活動能力的衰退。
心理衰老	年齡衰老、生理衰老和活動衰老所引起的心理上的變化，主要原因為神經機能的減弱。
社會衰老	感覺機能老化的同時，腦內存在的生理時鐘也在老化，因此造成活動機能的衰退。導致的社會角色、社會關係、社會地位、人際關係等方面的變化。

（資料來源：作者整理）

二、失能現象

　　個人成熟期後出現的生理功能退化和體質退化，是所有衰老的基礎，屬於正常衰老。各種疾病可以加速生理衰老的進程，稱為疾病性衰老。心理弱點也將加速生理衰老進程，稱為心理性衰老。生理弱點，疾病，特別

是心理弱點，造成個人適應社會環境和應付社會環境變化發展的困難，也會導致加速生理衰老進程，稱為社會性衰老。

　　隨著向高齡的邁進，人的組織器官功能的退化加速，必然導致衰老變化和生理功能的下降，神經系統、心血管系統、感覺器官以及泌尿等系統的功能變化，均造成組織器官的功能不正常或喪失，從而導致老年人喪失部分或全部活動能力，成為身障者，如腦血管病、關節病、白內障等。根據統計臺灣六十五歲以上，腦中風發生率約百分之六、老年痴呆發生率約百分之二、風溼性關節炎患者全賴照顧者約百分之四，罹患糖尿病、高血壓、老年痴呆症的年齡層逐漸下降。多重慢性疾患造成老年人生活品質嚴重的威脅。隨著疾病數目的增加，老年人的健康受影響的程度也愈劇烈，這種衝擊不僅造成身體健康的惡化，同時也對老年人的心理健康造成影響。多重慢性疾病正是造成老年人失能的重要因素，愈多疾病者，死亡率愈高。針對臺灣發生失能人口推估，如下表：

表 2-3　臺灣發生失能人口統計推估

年度	男性	女性	總數
100	190,454	258,074	448,528
105	219,188	323,084	542,272
110	245,975	395,367	641,342
115	278,584	479,957	758,541
120	318,847	581,647	900,494
125	367,903	710,918	1,078,821

（資料來源：行政院經建會，2008）

　　面對上述人口、家庭結構的快速改變，加上醫療技術與衛生科技的進步，不斷延長壽命，以及近年來少子化的趨勢和文明病的衝擊。高齡化、甚至超高齡社會的風險規劃刻不容緩，也唯有儘早準備才能享受完美人生。

三、生理變化

正常的老化是指生理上或心理上無疾病狀況的老化。所以，正常的老化就是一個人在社會生活中與休閒活動中自然的老化，並沒有罹患明顯的生理疾病。

人類老化的過程因人而異，在不同的個體裡因體質的不同，老化的速率也是不相同的，而不同的器官在任何一個生物體中老化的速度也不會相同。

表 2-4　個體身體組成成分的老年變化

項目	內涵
總水量的減少	老年人身體的總水量比青年人減少，從二十至八十歲時，身體總水量減少百分之十七。
細胞外液不減少	老年人的細胞外液量幾乎與青年人相等，即體內的細胞外液量不隨年齡而減少。
細胞內液量減少	細胞內液量隨年齡增長而遞減，無論男性或女性的老年人，約均減少百分之三十至四十。因為實質細胞原生質中的水分含量，在一生中幾乎是不變的，所以伴隨著衰老，細胞內液量的減少表示身體的細胞數目減少。
脂肪量的增加	在青少年時期，脂肪大量用作生命活動過程的能源，通過代謝作用變成組織細胞所必需的物質。到老年期，脂肪在體內堆積，不被機體所利用，有人把這種脂肪稱為不活動性脂肪。老年人不活動性脂肪增多，是衰老的重要特徵，臨床表現為男性的下腹壁出現脂肪墊，女性的腰部脂肪增多。
體重減輕	隨著肌體的衰老，除脂肪組織外，其他組織和器官都有不同程度的萎縮，重量下降。
組織臟器萎縮	老年人臟器萎縮有個體差異和臟器差異，其中骨骼肌、肝、脾等萎縮最明顯，重量也隨之減少。臟器萎縮的原因主要是實質細胞數總量減少，但例外的是老年人的心臟則比青、壯年的重，因為老年人多伴有高血壓和動脈硬化症。
細胞數量減少	隨著身體的老化，各臟器組織中的細胞數量有不同程度的減少。細胞的老化特徵是細胞數量減少，而不是萎縮。一般在成熟期以後，各種細胞數目減少，其與老化開始的時間平行。人類七十歲時的腦、腎、肺和肌肉等臟器組織的細胞數，僅為人類發育旺盛時期數量的百分之六十左右；尤其是小腦皮質的蒲金森氏細胞，在老年人減少到成年人的百分之二十五。

（資料來源：作者整理）

四、機能變化

由於老化具有普遍性，所以各臟器系統隨著衰老而發生退行性變化。包括：體力活動和精神化動力下降，基礎代謝率下降，生殖機能低下，其他生理機能低下。年齡改變對身體各系統有著不同程度的變化，反映在生理機能的變化為：

表 2-5　個體身體消化系統的變化

項目	內涵
唾液	老年時腮腺分泌的唾液減少，造成口乾及說話和咀嚼時的不適。
吞嚥	職司吞嚥的肌肉會衰弱。不過，這種衰退並不重要，而且隨著年齡老去並不會有功能喪失的情況產生。
胃	隨著歲月的逝去，胃部肌肉會變弱，胃液內容也會改變。除了消化肉類時會困難之外，功能並沒有真正的改變。
肝	這個器官內細胞數目和不同組織的整體結構都有改變，不過，這些都不會造成功能的改變。
胰臟	分泌到小腸去分解脂肪的分子會減少。不過，肝臟會有適當的補救。
大腸	潤滑的黏液會減少，推送廢物進入直腸的肌肉會衰弱。但功能不會喪失。

（資料來源：作者整理）

認識老化的過程以及預防因老化所帶來的不適與不便，是因應高齡化社會的到來每個人都應該加以認知的，畢竟每一個人都會老，而我們也都希望老而健康、老而快樂。

五、失智現象

就醫學專業角度，失智指全面性的心智喪失（思考、記憶、判斷、知覺、學習、解決問題能力），但其意識並未受到改變，也就是說，患者仍保持意識清醒或仍具警覺性。這些都會導致病患人格上重大變化，長期喪失靈敏及所學的知識，致使患者自主性逐漸喪失，最後因此不再有自我滿足的能力。在阿茲海默氏症（Alzheimer's disease，或稱腦退化症）的情況裡，

心智官能的喪失是逐漸發生且不會回復的;病情發展到最後階段,就變成全面性的心智官能喪失。此外,自生病之初,它就反映在患者的行為舉止上。阿茲海默氏症是一種隱性的疾病;當症狀已嚴重到需要求助醫生時,就表示疾病已入侵患者腦部。當阿茲海默症越演越烈,患者通常會死於阿茲海默症所引起的併發症,如肺炎或支氣管炎,會縮短病人的壽命。

失智症在全球老化趨勢下,患病人口隨著各國老化速度的加快而有增加趨勢;全球每個家庭和社會都可能被迫面對此一大衝擊。根據世界衛生組織(WHO)與國際失智症協會二〇一二年發表的失智症報告指出:失智並非正常老化的一部分。估計全球有超過三千五百萬的失智症患者,以每年增加七百七十萬人的速度成長,也就是每四秒鐘就有一名新罹病者。這個數字幾乎是每年新診斷愛滋病毒感染(AIDS)個案數(二百六十萬)的三倍。依此速度預估到二〇五〇年,全球失智症人數更將超過一億二千萬人。失智症可能發生在任何人身上,現代人都要及早準備,正視失智症所造成之危機!為喚起大家對失智症的認知與預防,並積極尋找良好照護方法,國際失智症協會於一九九四年起,訂定每年的九月二十一日為「國際失智症日」,提升大家對失智症的關注與認識。

參、高齡者的心理變化

隨著社會的迅速發展,人民生活水準的不斷提高,醫療衛生條件的逐步改善,老年人心理健康已經越來越受到社會的重視。現代醫學研究表明,人的生理與心理兩大因素是相互作用、相互影響的。因此,老年人應注意心理衛生,保持心理健康,以增強社會適應能力。

健康,是指一種身體上、心理上和社會上的完滿狀態。我們通常所說的個人健康,是指一個人生理健康、心理健康與社會健康等多個方面。活動理論指出活動力對於一個老年人的影響程度是很大的,活動力大的老年人可以透過社會活動的參與而獲得較大的滿足感與幸福感,相對的身心上也會覺得較為年輕化與較為健康。在國內外有許多的研究都顯示老年人身

體、心理健康及生活滿意度與參與活動層次之間的關係，特別是社交活動
與老年人所表現的活力，有很強的相關性。所以年輕朋友應該鼓勵老年人
多參與社交活動與他人多多互動，比較能擁有健康的生活。一般論述心理
健康的人應該有四種特點：積極的自我觀念，恰當地認同他人，面對和接
受現實，主觀經驗豐富可供借重。影響老年人心理健康的因素很多，也很
複雜。概括起來主要有社會因素、經濟保障、人際互動、家庭成員和心理
因素五個方面。

　　美國著名心理學家馬斯洛（Maslow）提出心理健康的標準，是對自己
有充分的瞭解，並能恰當地評價自己的能力，自己的生活目標和理想能切

表 2-6　影響老年人心理健康的因素

項目	內涵
社會因素	指一個人由於社會地位、社會作用、社會關係等社會因素發生變化時，必然會在其心理上、生理上引起不同的反應。對離、退休人員而言，事業失落感、權力失落感、人格失落感等所產生的不平衡心事也會不同程度的表現出來，從而直接影響他的心理健康。
經濟保障	指一個人由於薪資待遇、福利分配、成果共用等經濟利益關係發生變化時，必然會在其心理上造成一種對公平的期待。這種心理素質往往會引起人們的左右攀比、敏感多疑，甚至義憤填胸、激情高昂、煩躁不安，這種心理的感受必然會影響他們的心理健康。
人際互動	指一個人在社會生活中的相互接觸、相互聯繫、相互作用時，必然會給人際關係、人際溝通、人際影響也帶來變化，這種變化會導致心理上的不同反應，這種反應將直接影響老年人的心理健康。尤其是人際溝通不夠，人際關係惡化時，危害則更大。
家庭成員	指家庭結構和家庭關係發生變化時，所引起的心理上的反應。如子女分家、離異、再婚、喪偶、獨居以及夫妻之間、家庭成員之間不和等都會對老年人心理健康造成極大的影響。使其產生抑鬱、悲哀或孤獨，有的甚至出現精神失常。
心理因素	心理是人對客觀現實的反應，這種客觀現實的反應透過人的情感、性格、意志等表現出來。如一個人在生活中受到挫折，對一個性格開朗、意志剛強的人來說，他就不會因為受挫折而消沉、灰心、悲傷；反之，如果他性格內向、意志薄弱，後果是十分嚴重的，也必然會影響他的心理健康。

（資料來源：作者整理）

合實際，並與現實環境保持良好的接觸，在社會規範的範圍內，滿足個人的基本需求。

表 2-7　影響老年人心理健康的標準

項目	老人心理健康標準	老年心理健康特點
特徵	1.有充分的安全感； 2.保持個性的完整與和諧； 3.具備從經驗中學習的能力； 4.保持良好的人際關係； 5.適度地表達和控制自己的情緒； 6.在集體允許的前提下有限度地發揮個性。	1.熱愛生活和工作，心情舒暢，精神愉快； 2.情緒穩定，適應能力強； 3.性格開朗，通情達理； 4.人際關係圓融，適應性強。

（資料來源：作者整理）

　　心理健康是一種綜合現象，它受社會、經濟、心理等諸多因素的影響。當老年人心理失衡時，可以透過積極參加活動、自我調節情緒、協調人際關係等方式來促進心理健康。

表 2-8　老年人心理健康的作為

項目		內涵
積極參加活動		積極參加社會活動，可以從這些活動中學習新知識，並表現自己的才能，結交新朋友，也可以在這些活動中釋放自己的情緒。比如在遭受挫折而氣惱時，去打一打門球或檯球，當活動完後，愉快的情緒也會隨之提起。老年人參加體育活動可以有效地促進心身體康。體育活動有助於消除人的孤獨、抑鬱的情緒，使人精神振奮，充滿生機，增強行為的協調程度，從而促進心理健康。老年人可根據身體情況和興趣，參加體育活動，促進心理健康。
自我調節情緒	保持良好的心理平衡	要善於接受自然，主動釋放不愉快的情緒。心理學家馬斯洛在談到心理健康時指出，要能夠悅納自身，悅納他人，接受自然，能承受歡樂與憂傷的體驗，寵辱不驚，淡定而對。這樣做，才有利於老年人調節不良情緒，保持心理平衡，促進心理健康。
	培養廣泛的興趣愛好	當一個人在某個活動中受到挫折時，就較容易從別的活動中尋找樂趣和精神寄託，沖淡消極的情緒。培養廣泛的興趣愛好，可以增加許多生活樂趣，減輕心理緊張的程度。在日常生活中多一些幽默感也很有必要，既可以增進人際交往，又能使人消除煩惱。俗話說：笑一笑，十年少，愁一愁，白了頭，是有道理的。

協調人際關係	人際關係強烈地影響著個人的思想和行為，對心理健康關係很大。一個善於與他人保持良好關係的人，就會使自己有一種安全感和歸屬感，有助於心理健康。

（資料來源：作者整理）

良好的人際關係，從個體角度講，應該力求做到和他人和睦相處，和社會協調和諧。一個人要清楚地認識到自己的地位和角色，依照社會角色相處互動，在發生角色變換時也能夠靈活順應。這是建立良好的人際關係的基礎。良好的人際關係，從組織角度講，就是要提倡人際之間互相關心，互相愛護，互相幫助，培養圓融體貼精神，使人們和樂慈愛，做到情緒穩定，心境愉快。這樣良好的人際關係，有利於老年人心理健康。

肆、高齡者的健康生涯

人類不但不能抗拒人體的衰老趨勢，也不能抗拒人體部分器官的老化或功能的衰退，因為人體是一個複雜又嚴密的有機系統，一個器官功能的不正常運作，多會引起引起其他器官或組織發揮正常的功能。維持健康生涯不僅關乎長者的生活品質，亦影響家庭乃至社會，結合我國老年人實際情況，一個健康的老年人生涯應具有以下多個方面的特點：

表 2-9　老年人健康生涯

項目	內涵
熱愛生活喜歡活動	心理健康的老年人應有明確的生活目標和有力的精神支柱，對自己的生活充滿信心，會享受人生的樂趣，使自己在有限的日子裡生活得有意義。他們積極進取、勤於學習、生活充實。他們喜歡參加活動和聚會，在那些有意義的活動中發揮自己的聰明才智，並從這些活動或成果中獲得滿足與激勵，使自己成為家庭和社會安定、團結的積極因素，從而體驗到自己的人生價值。
心情愉快情緒穩定	心理健康的老年人胸懷博大，情緒平衡，豁達灑脫，能保持愉快、滿意等積極情緒，處於順利時不欣喜若狂，碰到不幸時也不悲觀失望，禁得起歡樂與憂傷的考驗。這樣的老年人在生活中碰到各種挑戰，或遇到不幸，甚至面臨死亡的威脅，都不感到驚慌、恐懼，能泰然處之，做到活著盡可以發揮作用的樂活人生。

面對現實善於適應	心理健康的老年人，有自知之明，能樂天知命，知足常樂，總是以積極的、樂觀的態度理解與對待事物的發展變化，以務實的態度面對現實，善於順應自然。對老年人生理變化與社會變化容易適應，對自己的生活容易滿足，對家庭、社會容易滿意。對自己的一生感到欣慰。
人際協調家庭和睦	心理健康的老年人感情真摯，和藹可親，平易近人，富於幽默感，對人對己都能恰當地評價，既能理解他人，也能為他人所理解。這樣的老年人能保持家庭和睦，善於調適家庭成員關係，以和諧為貴，圓融為重。

（資料來源：作者整理）

老年期是人生的喪失期，不僅會失掉金錢，還會喪失配偶，更重要的還會喪失健康。所以，老人是容易悲觀的，心理異常脆弱，常常發呆、健忘、情緒失控，對疾病和死亡有恐懼感。這首先是因為，隨著年齡的增大，老年人身體的各種生理機能下降，使他們逐漸失去一些活動功能，甚至是基本的生活自理能力，而這個過程是漫長的，老年人的信心、自我價值在這個漫長的過程中一一逝去，使老年人對生活失去希望。其次，是因為與退休前豐富的生活相比較，老年的社會參與率明顯降低。羅伯特‧哈威格斯特（R. Havighurst）在建構活動理論認為，老年人只有積極參與社會，才能重新認識自我，保持生命的活力。因為積極參與社會活動是老年人適應衰老的途徑之一，可以實現精神寄託、減少孤獨感、增進老年人身體健康。

老年人是慢性病的高發人群，而慢性病主要損害腦、心、腎等重要臟器，易造成傷殘。美國老年學會於一九九六年向全國推出「老年保健標準」，包括：

表 2-10　老年人保健標準

項目	內涵
鍛鍊	包括三項內容，一是體能，每天要做活動或運動，要活動每一個關節和每一塊肌肉；二是頭腦，每天要看書報或學習新知，如繪畫、園藝、歌唱等；三是精神，回憶過去或幻想未來，探討一個新問題或新概念，儘量使自己融入多彩的世界而不疏離於生活之外。
娛樂	要能適時地藉由休閒活動以為怡情養性，玩得投入、放鬆。要心情愉快，開懷大笑，笑可以改善機體生化狀態，是最佳保健。

睡眠	定時入睡，儘量不用安眠藥，睡眠時間因人而異，不必固定，以醒來感覺舒服為標準，白天也要注意休息。
氧氣	使生活環境充滿新鮮空氣，室內要經常通風換氣。要常到大自然中去呼吸新鮮空氣。
營養	定時定量攝取合乎營養的膳食，提倡平衡飲食，包括：奶、蛋、肉、水果、蔬菜和五穀雜糧，做到低脂、少鹽、高蛋白質。
目的	老年人退休後生活一定要有目的，無所事事最有害健康。要做到「老有所為，為而不爭」，恬淡而精神有所寄託。

（資料來源：作者整理）

　　高齡者的身心功能退化是增加死亡風險的主要原因，單純的關注疾病治療並不能有效提升高齡者的健康狀況。因此，發展有效針對身體失能與心智失能預防策略儼然成為未來最重要的高齡健康策略，其中包括適切的營養補充品研發以及合宜的運動方式與工具發展，並透過積極的介入改變養生策略，特別是針對高齡者衰弱、肌力症、腦部退化性疾病、失智症與憂鬱症開發日常生活的養生策略，這不僅是值得發展的產業，更是有助於社會健康發展的契機。

結語

　　老年人生理、心理、生活型態、基因與環境都與健康息息相關。邁向高齡社會是一波不可抵擋的趨勢，然而在面對此波「高齡海嘯」（Tsunami of the Aged）的來襲，Mayhew（2005）指出未來可能會面臨以下挑戰：勞動力老化與減少、勞工短缺、年金成本升高與稅收減少、退休期間長與生活期待高等等。人口高齡化是人類社會進步的指標之一，世界上發展國家都面臨著老年人口急速增加的醫療及社會問題，目前臺灣的預期壽命已超過七十九歲以上，因此，有關衰老的理論機制、治病、防病及養生抗衰老的問題，又常牽涉到衰老的原因及診斷，知因、知病而防病，進而養生抗衰老，才能造就健康又長壽的老人。面對人口高齡化，世界衛生組織陸續提出各種不同的因應模式，進而達成個人與社會的安適（well-being），包括「健

31

康老化」、「成功老化」、「活躍老化」等各種模式，其中「成功老化」是一
個相當重要的模式以達到個人生活的適切狀態。「成功老化」的關鍵決定因
素包括：第一，維持個人活動功能；第二，維持個人心智健康；第三，避
免可預防之疾病；以及第四，積極享受生活。在這個架構之下，預防身心
功能退化與有效的疾病防治成為關鍵因素，而從其中也衍生出健康促進的
積極作為。

第三章　老年人的發展任務

前言

透過審視高齡化社會中的長者，我們可對其老化過程與實際生活風格意象有較清楚與精確的瞭解與描繪。有助於我們減輕對老化的過度恐懼、降低否認老化障礙所可能引起的限制會影響未來健康與積極老化的老年生活規劃，以及認知並掌握生命延長後的各種生活機會。強調長者活動參與的觀點，主張：「如果老年人依然能在社會上保持活躍，那麼他們在心理和社會上容易保有健康。」這反映了一個信念：一個人的「自我概念（self-concept）」經過各種積極的社會互動將被肯定，人年長的時候，角色的失落將會負面地影響生活的滿意度。

社會參與是多面向的，包括經濟、社會、文化、教育、政治及公共事務、公共政策，老人可就其興趣與能力選擇適合自己的參與項目，例如：體育活動、慈善及教會活動、社區服務、精神生活活動、社會活動、各類主題演講、公共事務、討論會議或研討會、展覽會、旅遊活動等。老人參與活動的次數愈多、愈積極，就愈能擴展自己的生活圈，並從中找到樂趣及生活上的寄託。

壹、高齡者的類型

世界人口已由高出生率、高死亡率，蛻變為低出生率、低死亡率的新局面，隨著人類文明的進步，這種人口結構的變化是自然的歷史進程與結果。人口高齡化是指總人口中老年人的比例上升。長壽與低生育率是世界人口趨向高齡化的直接原因。

十九世紀許多國家的平均期望壽命只有四十歲左右，二十世紀末已經達到六十至七十歲，一些先進國家已經超過八十歲。壽命的延長使老年人口數量持續膨脹，生育率的下降則使高齡化指標的分母－總人口開始減少或者增長減速，高齡化現象因此更加引人注目。尤其是在高生育時代向低

生育時代轉變初期出生的大量嬰兒，必然在數十年後形成高齡化的高峰。
臺灣在一九九三年底，六十五歲以上的老人人口突破總人口數的百分之
七，正式進入聯合國所定義的「老人國」，推估，臺灣老人人口在不到三十
年就會從百分之七增加為百分之十四，這個轉型為老人型高齡化社會所需
的時間，遠較歐美國家的五十年至八十年為快；在人口急速老化的狀況下，
如何讓曾為社會奉獻青春和血汗的老人，在晚年活得有尊嚴及受到良好的
照顧，是臺灣社會必須面對的重要課題。

表 3-1　高齡者的主要原因

項目	內涵	衝擊
預期壽命延長	這是人們生活水準和保健水準提高的結果，是社會進步的原因。	養老金不足和安養服務不足的困擾。
低生育率影響	由於「非均衡生育」（生育高峰和少生孩子）而產生的高齡化。	須運用「代際均衡政策」方為可行。

（資料來源：作者整理）

借鑑日本，出生率急劇下降，導致勞動人口減少、國內市場規模縮小、
中青年負擔增加等問題，使經濟發展受到制約。實際上，在現今的日本，
人口少子化已經給經濟社會造成了許多負面的影響。

表 3-2　高齡化對社會的影響

項目		內涵
社會的進程		表現在醫療、福利、養老金等社會保障方面，特別是波及到經濟增長的減速以及家庭模式的變化。
經濟的發展	宏觀角度	少子化最明顯的特徵是人口減少，同時，高齡人口的消費呈減少趨勢，兒童數量減少也造成需要減少。從供給方面來講，勞動人口的減少造成勞動供給縮小。供求雙方的縮小將成為阻礙經濟增長的重要因素。
	微觀角度	少子化及高齡化會增加社會保障成本，給企業帶來福利負擔，甚至會給企業競爭力帶來負面的影響。

（資料來源：作者整理）

　　臺灣高齡化社會的特徵益趨明顯，老人生活需求的滿足成為家庭與社會關懷的重心，故當我們在規劃各類高齡者教育方案時，除了在衣、食、住、行、育、樂等六個生理方面滿足高齡者的需求，更應協助高齡者們探索瞭解生命的真相、體驗回顧生命的記憶、規劃未來的生命歷程、圓滿如意的完成人生旅程，妥善滿足高齡者們在生理、心理與靈性的需求。

　　高齡者有其特殊的生活經歷與發展任務，促使高齡者以不同於其他年齡階層者的態度來面對圓融的生命歷程。Richard Livson Peterson（1962），將老人分為以下類型：

表 3-3　高齡者的基本類型

項目	內涵
積極型	生命歷程順遂或事業有成，雖已年屆高耄，仍能老驥伏櫪，積極創造生命意義及價值。
成熟型	平日努力工作，守規矩，負責任，接受退休，仍適時參與社會，目的在保持活力，消除衰老的恐懼。
搖椅型	平日悠閒安逸度日，滿足於現狀，退休後安享餘年。
自怨型	終身難有偉大成就，多逢困蹇，以懷才不遇方式面對人生。
憤怒型	了無成就，老來憤世嫉俗，處處與人為敵對。

（資料來源：作者整理）

　　每一個社會透過社會化過程，傳達年齡規範。在一生過程中，個人學習去操作新角色，適應變遷的社會角色，放棄舊角色，學習「社會時鐘」的安排及高齡適當行為，這樣才會在社會生活整合個人行為順利達成「社會化」。老人也要學習「再社會化」接受新角色。陪同老年時期要發生的社會現象，就是老人必須面對並學習去處理「角色失落」（role losses）的困境。例如失去配偶變為寡婦或鰥夫，或是退休後失去職場的職位。這些角色的轉變，將會導致一個人對社會認同的腐蝕、磨損，以及自尊之失落。

　　健康高齡化的觀念日益受到國際社會的關注，聯合國提出，將健康高齡化作為全球解決高齡問題的奮鬥目標。健康高齡化是指個人在進入老年期時在生理健康、心理素養、智力維持、社會參與、經濟維持等方面的功

能，仍能保持良好狀態。一個國家或地區的老年人中若有較大的比例屬於健康高齡化，老年人的作用能夠充分發揮，高齡化的負面影響得到制約或緩解。為實現健康高齡化需要社會各方面協調一致的努力，也需要老年人的積極參與。

老人的生涯發展任務，包括健旺的身體機能、愉悅的心理感受、超越的靈魂修養，其中有關滿足老人溫馨的靈性教育需求課程方面，應包括群己臨終關懷的知能、超越親人死別的智慧、理性參與正信宗教的習性、生死價值觀念的澄清、生命歷程圓融回顧的知能、靈魂安息超越的修養技能等內容。健康高齡化的課題，是在於提供適合高齡者需求的協助與引導，使其不僅維持一定的互動能力且能獲得適性的能力，以解決身心靈的種種問題，圓滿如意地完成人生任務。

貳、生涯發展任務

美籍行為科學研究者艾力克遜（Erikson, 1963）提出個體行為發展期八個階段的觀點，認為高齡者處於第八個人生檢討的階段，必須面對圓滿生命的終結，思考其意義與重要性，達到生命意義的統整，若是對自己過去所做的選擇與結果感到滿足，則將擁有超越感，若是對自己的一生不滿意，會對失去的機會感到深沉的惋惜，而對即將來臨的生命終結感到無奈與失望。高齡者的生涯規劃即在期望長者有個「計畫性」的作為，思考前瞻性、未來性的生活目標，在屆高齡之前作各種生活面向的準備，包括經濟生活、安全保障、醫療保健、心理素養和社會適應、專業延伸和社會參與等課題。就其生涯發展展現於：肯定老年生命的價值、達成健康的老化。

生涯發展是一個人生涯過程的妥善安排，在這個安排下，個人能依據各個計畫充分發揮自我能力，並運用各種資源達到各個發展階段的目標，達成其既定的圓滿人生。人口老化不僅提供老人各種機會，也提供社會許多契機。我們必須周全而正向的看待人口老化所帶來的現象，藉以突顯老人貢獻社會的巨大潛能，透過社群的積極參與，翻轉了老化只是養老的消

極看法，引導老人看待自己的態度與行為。這些積極性的作為包括：提供一些智慧者對於人生意義的看法；詮釋不同年齡、文化之間生命意義的異同；提供溫暖、支持性的回顧環境；促進精神的活動以取代生理的限制。

　　高齡者從嬰幼時期至今度過許多的人生階段與挑戰，有過種種成功與失敗的豐富經驗，過去的經歷成為現今高齡者規劃與完成未來生活目標的基礎，強烈地影響高齡者對自己的信心與期望。以下從行為科學角度，分析高齡者生涯發展任務的特質。

表 3-4　高齡者的生涯發展任務

項目	倡議	內涵
心理分析觀	Peck（1955）擴充 Erikson 理論老年期發展任務的內容為三項，強調高齡者為了心理發展順利，必須解決三大危機：自我價值感統整與工作角色偏差，身體超越與身體偏見，自我超越與自我偏見；尤其是第三項，自我超越是指接受死亡，對人生最終的旅程不憂不懼，視為生命不可避免的結局，主動地打算未來，超越死亡的界線；自我偏見是表示老人拒絕承認即將到來的死亡，沉溺於目前的自我滿足。	健全心理發展的高齡者必須坦然地面對死亡的事實，超越現時、現地的自我，肯定死亡的必然性，成功地適應對死亡的預期與準備。
人文觀點	人文觀者代表人物 Maslow（1968）認為充分發展的自我實現者具有以下特徵：認清現實；接受自我、他人與外界；主動自發；具備解決問題的能力；自我導向；超然並需要隱私；能欣賞別人；具有豐富的情感反應；頻繁的高峰經驗；能認同他人；與他人建立多元、滿足的關係；民主的性格結構；富有創造性與高度價值感。	認為高齡者自己是生活的主宰者，高齡者經由選擇、創造、價值判斷和自我實現等健康正向的方式來完成自己的發展任務。
社會文化觀	Havighurst（1952）認為這種社會文化的發展事實上是個體需求與社會要求的交會，人生發展至老人時期時，將會涉及許多防衛策略，維繫高齡者幸福健康的生活感受，此時期的學習目標有五項重點：適應退休與收入的短少；適應配偶的死亡；與自己的年齡群建立親近關係；負起社會與公民的責任；建立滿意生活安排，考慮自己的經濟與家庭狀況重新安排居住環境。	社會成員的角色定位若依年齡來劃分，強調個人在生命全期中扮演的角色，並非階梯式的遞升而是線型的結構安排，社會文化的發展階段區分是由「標記事件」形成的。

（資料來源：作者整理）

　　隨著社會的迅速發展，人民生活水準的不斷提高，醫療衛生條件的逐步改善，老年人的生涯發展越來越受到社會的重視。老年生涯規劃初步的概念，重點是要怎麼做？可分為五個步驟來說明：

表 3-5　高齡者的生涯規劃步驟

項目	內涵
了解自己	要了解自己目前經濟情況？未來要如何計畫？倘若規劃社會參與，要了解自己的性向為何？喜歡參加動態熱鬧的或是靜態養性的活動？因為每一個人在生命當中都會變化，在不同的生命週期會有不同的變化，所以要了解自己。
生涯計畫	希望退休以後要做什麼？年紀老了以後要怎麼做？事實上，會發覺當孩子長大自組家庭，家裡剩下兩老，經歷空巢期。面對空巢期時，生活要圓滿安排。
檢視過去	過去曾經做過什麼？什麼是有興趣的？曾經半途而廢的各種因緣？這些都可以回顧，以作為生涯規劃的參考。
規劃方案	譬如說要來參加一整年的成長教育，就周延規劃，為一整年將參加的課程，訂定出完整的方案。
展開行動	要真正付出行動，並且要有持續性，才能表現出效果來。

（資料來源：作者整理）

　　Schein（1978）認為老人面對退休後所帶來的衝擊，如果有良好的心理建設與周全準備，將能坦然的面對自己的一生。由於社會的快速高齡化，高齡人口大量增加，這些新一代的高齡者他們教育程度高，健康良好，經濟有保障，因此很想持續回饋社會，除前述可以有計畫的使其再投入勞動市場外，另一可行的途徑就是鼓勵其擔任志工，讓其豐富經驗及人生智慧，能有所傳承與貢獻。Schein 提出老人共同與個別面對的許多課題與任務，老人面對的共同生命課題包括：調適身心功能與社會角色轉變的轉換與不確定感；處理衰退的身體與能力；面對配偶的死亡；面對依賴他人的需求情境；準備自己的死亡。而老人必須個別面對的特定任務包括：學習改變生活型態；適應減少與外界接觸的情境；適應生活水準下降，處理新的經濟問題；學習以經驗、判斷、圓通的方法來彌補體力衰退的困擾；做好自己死亡的準備，立遺囑與安排葬禮細節；完全接納自己與他人，沒有失望，達到統整的境界；平靜地離開人世間。

　　成功的老化包括以下四個要素：第一，較少的疾病；第二，較高的認知和身體功能；第三，積極生活；以及第四，經濟獨立和財富自由運用。檢視老年生涯規劃的內容，計有八項：經濟獨立、醫療保健、家庭關係、休閒娛樂、心理衛生、宗教生活、終身學習、臨終關懷。

　　「成功老化」或稱為「順利老化」，是指個體對老化的適應過程良好，生理、心理及社會互動保持最佳的狀態，進而可以享受老年的生活。老人社會參與的目的，即在於擴增老年人知識與技能，以增進其應付問題與適應社會的能力。

表 3-6　高齡者生涯規劃的內容

項目	內涵
經濟支持	「金錢不是萬能，沒有錢則萬萬不能。」有足夠的儲蓄老年生活才能經濟獨立，不必為錢煩惱。要在經濟上獨立且能妥善的規劃，妥善做好個人的投資理財。
醫療保健	健康才是真正的老本。健康的身體是我們一生中最大的財富，所以要充實健康與保健的常識；要養成良好的生活習慣，定時做健康檢查，讓自己掌握健康的門鑰。
家庭關係	家庭和諧是天倫之樂，這要家庭中每一個人來努力。子女要體諒父母的心境，父母也要尊重子女的獨立，彼此為對方來著想，代間的相處便容易融洽。
運動休閒	適當的運動，可以減緩老化速度，以儲備健康的本錢。運動量不必多，但要持之以恆。每天做運動可以培養運動興趣，也可以借運動、娛樂使身心健康。
心理修持	坦然面對退休和老化的事實。坦然面對「生老病死」，因為老化是自然的現象，物品用久了就需要保養，所以心理上要用比較正向的態度來看待。
宗教生活	有虔誠的信仰，在心靈上就能得到歸屬和寄託，也可以獲得依賴和解脫。有宗教信仰，生活自然充實；無憂無慮、無怨無悔，遇到考驗，比較不會驚慌失措。
終身學習	老年生涯規劃，要能有教育學習和社會參與，以學得更多的知識、技能和態度，而且還可以適應不斷變遷的社會生活，使我們的社會角色扮演得更好。
臨終關懷	了解死亡是生命當中不可避免的過程，既然生命無常，就應該積極的規劃生活，活得有意義、有價值、有尊嚴，進而會建立積極的人生觀，坦然面對生命的意義。

（資料來源：作者整理）

參、老年的社會化

　　社會化是將生物性的「自然人」，訓練成「社會人」的過程。一個人從出生的那一日開始，只要接觸到社會，就進入這一過程。對退休者而言，「社會人」則是指一個人繼續其生命中持續作為「社會人」的歷程，所學習的是如何與所處社會的生活型態及行為模式相調適。社會化是終身的，個人發展至老年期，雖有既定的價值觀念與行為型態，但仍需吸收新的知識，適應新的社會環境，形成新的觀念與作為。一個人在老年時，既學習新的社會角色，又學習適應喪失很多原有角色的方法，這種過程稱為老年人社會化。由於原有情況改變，某些角色自然喪失，例如：子女長大成人，成家立業，父母脫離原養護角色。或是因特殊事故，面臨新的角色情境；老年喪偶獨居。老年人可能因為更換職業或參加社會活動，而扮演新的角色，例如退休人員改任公益組織的義工。新舊角色的性質差別及相關程度會影響老年人的角色適應。如何灌輸退休者有關社會角色與價值的新認知，可以說是對高齡者再社會化的過程，使他們有能力再出發。

　　從社會學觀點而言，社會化的主要功能在於使個人教育，亦即提供適當的環境（包括場所、設備與人員），使個體能順利完成教化的過程，以便圓滿的參與社會生活。老年人社會化過程中，個人扮演新角色、喪失舊角色、面臨新社會情境。對於這種角色的更替與變化，受過去社會化經驗與人格特徵的影響，會有不同的社會適應型態：

表 3-7　老年人的社會適應型態

項目	內涵
價值觀念	在價值觀念方面接受新角色期望，表現新行為型態，如喪偶者再婚，接受不同伴侶的家庭生活；退休者再謀新職，繼續貢獻自己的才能。此種適應型態是老年社會化的方式，將影響著老年人的社會適應。
謀求適應	謀求新的生活方式，調整內在價值觀念，適應新角色，例如退休者含貽弄孫，重視休閒，維持健康；或擔任義務工作，獲得成就感；這種方式是老年人社會化型態。

防衛機能	是因心理防衛機能的作用，形成部分偏差行為，例如年長退休者意志消沉，與社會逐漸疏離。老邁及長期臥病老人對於吸收新知、社會參與的能力喪失，此時需要家人的關愛，以及社會工作的輔導，以維持其社會化的功能。

（資料來源：作者整理）

　　現代社會，人的預期壽命增長，不再是「七十歲為古稀之人」，高齡長者如何調適，成為各個人的需求，社會發展的因素。現代社會的較傳統為開放，令社會的流動也加速了，縮短了社會差距的幅度，退休制度的盛行，又迫使許多人在六十五歲前後離開工作崗位，撤離社會，使個人領受的資訊與知識隔絕，甚至不再有原來的社會聯繫，老人無法倚老賣老不能再高高在上，他們的社會適應更形困難了，是以在迎向高齡社會時需要推動高齡者社會化。但是，這一代和未來的老人參加社會的需要比以前的老人多、預期壽命較長。因此，老人需要調適其社會角色。老年社會化，此時期影響其社會化的主要因素有：

　　第一，從職場退休，不再扮演積極的角色。

　　第二，老人須能承受逐漸失落的社會角色。

　　第三，缺乏定義明確的角色因而惶恐無依。

　　第四，衰老及死亡的恐懼加深了老年焦慮。

　　第五，如何促使老年人能進行「再社會化」。

　　重新學習新的角色和行為方式，以肯定老年的價值，享受有意義的生活，才是重要的課題。老人需要社會化，是因為生活的調適是需要培育和訓練。過去傳統的多代同堂家庭，以老年人或家長作為後輩的模範，他們是家庭教育的指標和個人社會化的標竿，是以有「作之親、作之師、作之君」的說法。老人的社會地位，隨著科技進步和知識經濟已使得社會演變加速，從訊息變化到社會變遷的程度都日日加速，這已非老人固有的經驗和思想以至衰老的體力所能適應。該社會化強調的是：

　　第一，知識和互動的群體學習產生的鼓勵作用，可以幫助老年人擁有更好的身心訓練、更好的營養和健康的生活風格。同時，建立在「老有所為」基礎上的「老有所樂」，能讓老年人的再社會化步入良性軌道，讓退休

者繼續在各領域貢獻，是處理老年社會的一個方案，也能提升老人的尊嚴與價值。其實這個時代，老而不學反而有與時代脫節之虞。高齡者社會化是空閒時間的主要活動了。

第二，教育以及再社會化的過程，支持與幫助每個人對自己的角色變化（如退休和寡居）作出準備，也能確保人在轉變中減輕不適。由於現代人壽命延長，在退休後，平均有二十年的歲月要經營，倡辦老年人教育，使老者得以有學習進修的管道，可以達成老年人口之再社會化，有助於社會進步。

高齡者社會化活動，有利本身透過學習進修的途徑，去保持思考和進步，使自己能在變化的社會中，合宜的保存既得的尊榮，不致被迫撤離社會。「莫道桑榆晚，為霞尚滿天。」社會應搭建更多平臺，宣導普及社會秩序與規劃作為，以豐富老年人精神文化生活。譬如運用樂齡大學、社區公共空間等，更可以嘗試多設立一些讓老年人發揮所長的公益工作。高齡社會化需要滿足高齡者的需求，包括：

表 3-8　高齡社會化需要內涵

項目	內涵
工作需求	進入老年階段，從就業的角度上說，大都已從工作職位上退休，但是，退休後的多數老人依然具有工作能力和工作熱情。可從珍惜老人智慧與經驗的角度，發揮老人回饋社會的心願，自經濟扶助的觀點，提供老人適當的有酬工作機會。
健康需求	進入老年後，身體機能開始老化、衰退、對醫療服務的需求不斷增加。而這種需求雖然可以透過社會醫療體系、健保體系來滿足，但就醫成本較高，故可由健康促進方式，提供健康諮詢，預防疾病的發生。
學習需求	老人雖然身體漸漸衰弱，但仍然有學習的熱情，學習既是吸收新知識的過程，也是一種文化的活動。社區可以提供各式各樣的學習機會，設立長青學苑以提供老年人學習的需求。
活動需求	對於老人精神生活的充實，應重視益智性、教育性、欣賞性、運動性並兼顧動態靜態性質活動，以增進老人生活適應及生命豐富性，為老人提供各種活動的服務。
關懷需求	老年人的關懷需求體現在社會互動和生活照料上。建立社區關懷中心，提供鄰里互助、關懷服務、到府服務、電話諮詢等，形成完整的社區服務網絡。

（資料來源：作者整理）

　　「老化」是指其人生已邁入晚年，其心身已有明顯衰退現象而言，但由於個人個別差異，老化程度是因人而異。雖然老化是一種生理退化現象，但社會結構與社會互動對個人老化也具有相當程度的影響。其實，老化是一種重要的社會化層面，也是一種終身學習的過程。老年人生活於現代社會裡，循著現代社會制度，應以高齡社會化為目標，學習新的技能與知識去處理目前的生活處境，又是滿足過去一直想學想做又沒有做到的事，建立個人生活自信，營造自己的社會文化和提升社會地位，才能扮演一個受尊敬的社會角色。

　　每一個社會透過社會化過程，傳達年齡規範。在一生過程中，個人學習去操作新角色，適應變遷的社會角色，放棄舊角色，學習「社會時鐘」的安排及什麼是年齡適當的行為，這樣才會在社會生活整合個人行為形成「再社會化」，老人要學習接受新角色。陪同老年時期要發生的社會現象，面對並學習去處理「角色失落（role losses）」困境。這些角色之損失，均會導致一個人對社會認同之腐蝕、磨損，以及自尊的失落。老人們在這一角色失落的過程中，同時會經驗到「角色中斷（role discontinuity）」－在生命過程中某一階段所學習的社會角色變為無用的。在工作場所中所學習的高效率生產技術或管理領導，在退休後變成毫無用處。社會上之機關制度很少為老人們考慮這些問題，但是老人們會自我調整，在社會活動中去創造「代替角色（substitute roles）」，例如：在社區發展協會擔任理事長。有些學者從事研究並辨認老年期之「角色退出（role exit）」與適應過程，分析一個人如何由其中心工作角色（employee role）逐漸撤離，並在退休生活中適應不同的社會活動。

肆、關懷老人原則

　　聯合國為關懷高齡者的生活境況與生命品質，於一九八二年制定了「國際老化行動計畫」（International Plan of Action on Ageing），作為老人權益保障的重要內涵。一九九○年時聯合國大會通過將每年的十一月一日定為「國

際老人節」（International Day for the Elderly），以示對老人的尊敬與重視。
同時於一九九二年通過的「聯合國關懷老人原則」（United Nations Principles
for Older Persons），更進而將之具體化為政策、實務方案與行動作為，以建
立一個不分年齡、人人共享的理想社會：

表 3-9　聯合國關懷老人原則

項目	內涵
獨立 (independence)	1. 獲得適宜的食物、飲水、居所、衣服與健康照顧。 2. 獲有工作或收入的機會。 3. 參與決定何時與何種方式退出工作。 4. 獲得適當的教育與訓練課程。 5. 生活在一個安全、個人喜愛與合適自己的環境。 6. 能如其所願長期居住在家。
參與 (participation)	1. 能積極參與與老人福利相關政策的討論與推動，並與年輕的世代分享他們的知識與技能，以促進社會統合。 2. 尋找與開創社區服務的機會，根據自己的興趣及能力，自願為社區提供服務。 3. 具有能力組織老人運動或社團。
照顧 （care）	1. 根據每種文化價值的社會體系，獲得家庭及社區的照顧與保護。 2. 獲得健康照顧，以協助他們維持或恢復最理想的身心狀態及情緒的安寧，並預防或延遲疾病的發生。 3. 獲得社會與法律服務以提高自主性、保護與照顧。 4. 在具有人情且令人安心的環境中，運用適宜的公共照顧措施，以獲得保護、復健、社會與心理的激勵。 5. 無論身處何種處境，均能享有人權與基本的自由，包括他們的尊嚴、信仰、需求與隱私權的充分尊重，以及決定有關他們的照料與生活品質的權利。
實現 (self-fulfillment)	1. 增進充分發展潛力的機會。 2. 獲得教育、文化、精神與休閒等社會資源。
尊嚴 （dignity）	1. 生活在尊嚴與安全中並自由的發展個人的身心。 2. 無論年齡、性別、種族、能力、經濟貢獻或其他狀態的差別，一律平等被對待。

（資料來源：作者整理）

　　高齡人口由於社會的變遷，他們已不再是一群體弱多病、經濟弱勢的族群。老人生涯發展任務包括適應退休生活的改變、社會經濟地位喪失的問題、學習接受身體衰退、配偶死亡，以及死亡教育方面的課題。為此，提供從文學、宗教、哲學、戲劇、音樂、醫學、社會學、心理學、倫理學、經濟學等學科探討死亡的相關課程，使老人透過文化與其他時代人文精神的探討，獲得有關生命的啟示，協助老人瞭解其生命意義建立老人對生命歷程的正向價值觀。戰後嬰兒潮所出生的嬰兒，如今已逐漸步入老年。這世代的高齡者具有的特徵：即教育程度高、健康良好、經濟有保障及參與學習活動的動機強烈。應該充分運用老人的學習動機，安排課程活動讓老人在適當的時期學習，以解決其發展任務的問題，包括：提供有關老化的知能，財務管理，健康促進，宗教探索，處理孤獨與寂寞，面對死亡與臨終關懷；解決問題的能力，壓力處理，心智控制，身心鬆弛等。從聯合國關懷老人的原則中，強調老人應獲得適當的教育與訓練課程，以充分發展他們的潛力。高齡者教育的推動與落實，對於建立一個不分年齡人人共享的社會具有重要的影響。

　　為充實高齡者保健福利的內涵，日本於二十一世紀初推動「高齡者保健福利政策方向」（黃金計畫 21）以充實照護服務基礎的綜合性計畫。目標為確保高齡者尊嚴與自立援助，建構互助的地域社會及建立服務使用者信賴的照顧服務等，具體措施：

表 3-10　日本「黃金計畫 21」關懷老人原則

項目	內涵
加強照護服務基礎	確保專業服務人才的提供，並加強研修、整頓照護相關設施及改善機構照顧品質。
失智老人支持方案	推動失智症醫學相關研究、充實失智症老人照護機構（group-home）、提升失智症患者的照護品質，並建立失智症患者權利維護制度。
推動健康老人對策	推動整合性疾病管理制度、充實社區復健體系、推動照護預防措施，以及鼓勵高齡者社會參與及就業方案。
社區生活支援體制	為營造溫馨及互助的社區，積極發展各項生活支援服務及居家環境改善方案，並推動志工服務及鼓勵居民參與社區方案。

建立信賴 照護服務	建立保護使用者及使用者可信賴的照護服務，包括資訊化的推動及使用者保護網絡的建構、促進多元服務事業者的參與及福利輔具的開發與推廣。
確立高齡 保健福利	確立支援高齡者保健福利的社會基礎，包括推動發展長壽科學、福利教育及國際交流，推動體貼高齡身心障礙者的社區營造方案。

（資料來源：作者整理）

隨著醫療科技的日新月異，臺灣已進入到高齡化社會的階段，因此對於老人的需要、生活需求，都會有重大的改變。因此對於關懷老人的活動可說是越來越多，相對的，關懷老人宜朝向：

促使高齡者有充分的安全感；

使長者對自己有充分的瞭解；

能夠恰當地評價自己的能力；

生活目標和理想能切合實際；

與現實環境保持良好的接觸；

能有保持個性的完整與和諧；

能具備從經驗中學習的能力；

與他人保持良好的人際關係；

能適度表達和控制自己情緒；

在集體允許下適度發揮個性；

在社會規範內滿足個人需求。

結語

現今的社會，由於出生率的減少，醫療技術的進步，臺灣邁入高齡社會已是不可避免的事實，高齡化社會，政府所做的政策，須更著重於對老人的福利措施。雖然面對高齡化社會所要負擔的也不少，想要改善這問題可自提高人口出生率，增加勞動供給，周延老年人生活需要。但在現階段需要做好各種準備，經濟保障、社區安養、醫療照護、福利服務，都是很重要的，我們應該要更重視老年人，讓老年人有個更好的生活環境。充分

落實「聯合國關懷老人原則」的精神與內涵，以促進社會對於高齡者的重視與關懷以及各代間的和諧家庭和樂，讓我們邁向一個不分年齡，人人共享的理想社會。

第四章　老年社會學的理論

前言

　　老化的社會學理論解釋社會與老年人之間的相互影響，早期老化的社會學理論出現在二十世紀六〇年代，集中研究老年人失去自己原來的角色和社會群體後，重新適應調整的過程，此階段的社會學觀點的老化理論有隱退理論、活躍理論、次文化理論、持續理論等。七〇年代，理論研究的範圍逐漸擴大，集中研究社會和社會結構大環境對老化的影響，年齡階層論是本階段的代表理論。近年來，老年社會學家進一步探索老年人與他們的生理、政治及社會經濟環境之間的相互關係，以及個體的生命過程對老化的影響。老年社會學理論主要研究、瞭解及解釋社會互動、社會期待、社會制度與社會價值對老化過程適應的影響。

　　老化的社會學理論協助人們認識老化過程及老年所具有的社會意義，瞭解老年社會學的各種理論觀點，然而並沒有一個放諸四海的「標準」老化過程，在老人年老時，並不是所有的老人都會撤離或喪失權力。在這些理論觀點中，也沒有任何一個觀點可充分的解說老化經驗的普遍變異或多樣面向。依據生活過程方面的觀點，一些老年社會學家已經同意的原則是：第一，老化是一個終身的過程。第二，老化影響社群的互動而社群的互動也影響老化。第三，年齡結構會隨時間變化而且不同的世代經歷亦不同。

壹、高齡化的社會學理論

　　現今社群中，正經歷著歷史上從未經歷過的巨大變革－人類壽命延長的結果，讓越來越多的人有機會體驗老年的生命歷程。

　　這樣的變革，不僅牽動了世代間關係的重新調整，也對當代社會的社會結構與制度提出挑戰。易言之，人口結構的快速老化，對社會的衝擊與影響是全面的、深遠的，包括財政、經濟、政治、建築、醫藥、衛生、保

表 4-1　臺灣與日本、韓國高齡化速度比較表

變遷比例	日本	韓國	臺灣
4%-7%	20 年 （1950-1970）	18 年 （1982-2000）	9 年 （1985-1994）
7%-14%	24 年 （1970-1994）	17 年 （2000-2017）	24 年 （1994-2018）
14%-20%	12 年 （1994-2006）	9 年 （2017-2026）	8 年 （2018-2026）

（資料來源：作者整理）

健、福利、教育、消費、商業、家庭等幾乎無不受影響。老年社會學理論是從社會學的角度來解釋個體高齡化的原因、過程、規律，歸結個體高齡化和適應高齡化的社會學知識。老年社會學理論嘗試解釋「社會如何影響老年人」和「老年人如何影響一個社會」等議題。早期的老年社會學理論在一九六〇年代間發展出來，它們著重於老人對角色及關係團體失落的調適。這些理論在解釋老人實際生活上是互補的。雖然它們可能部分重疊，但是，每個理論都各有其強調重點。就整體社會環境而言，老化問題是相當複雜的，並不是單一理論觀點就能涵蓋的。換言之，沒有一個理論是被充分檢證而可以捨棄的，或是提供一種精確的個人行為預測。由於老人面對許多需要立即解決的問題，因此，老年社會學的研究領域強調是應用的，而非純粹的理論取向。在探索及建構老化理論時，都要注意時代的意義、文化的差異，以及學術的發展和進步。是以，老年研究者雖在尋求有效解決之道上已投注相當多的時間與心力，但是，基於理論與實用整合的考量，老年社會學於系統理論的探索上，仍有繼續努力與突破的空間。

一、社會活動理論

社會活動理論（Social Activity Theory）是一九六三年由 Havighurst 提出，認為老年人的生理、心理及社會的需求，不會因為生理、心理及身體健康狀況的改變而改變，一個人到年老時仍期望積極參與社會活動，保持壯年生活型態，維持原有角色功能，以證明自己仍未衰老。此理論認為：

依然從事社會活動的老人會決定其老年生活的品質。老年人因年齡大而失去原有角色功能，會使老年人失去生活的信心與意義，如果能讓老年人有機會參與社會活動，貢獻自己的所能，他們對晚年生活的滿意度就會增加，而不會覺得自己是沒有用的人，從而能正向協助老年人適應老年生活。強調：社會參與能使一個人獲得許多不同的社會地位以及社會角色，讓老年人參加自己有興趣的正式的活動，能提升老年人的生活品質和滿意度。

社會活動理論認為：老人之所以會逐漸喪失與社會互動的機會，乃是因為社會拋棄了老人，而非老人自願與社會脫離的；同時也強調老人應該努力去維持自己的社會地位，老年人的生活滿足感與活動間有積極的聯繫。成功適應老年生活的人是能夠保持活力，力爭不從社會生活中退出的人。老年人如果能盡可能延長地保持壯年時的活動，就能很好地調整和適應晚年生活，並對晚年生活感到滿意。老年人可以找到其他東西來替代工作，用新環境中的人替代舊友。因此，主張老年人應通過新的參與、新的角色來改善老年人由於社會角色中斷所引發的情緒低落，用新的角色取代因喪偶或退休而失去的角色，在社會參與中重新認識自我，從而把自身與社會的距離縮小到最低程度。

二、社會持續理論

社會持續理論（Social Continuity Theory）是由 Neugarten 於一九六八年提出，當人們能持續其早期生活所經歷的與認定的有益角色與活動時，他們會有最好的年齡角色變遷的適應。根據這個理論認為一個人在年邁時，趨向於繼續維持一種一致的行為模式，為了代替失去的社會角色會去尋找相似的角色，以因應社會環境的變化與適應。換言之，一個人在他老邁時不會產生戲劇化的改變，他的人格特徵照樣維持跟成年生活時相類似，一個人生活的滿意度與人生價值的一致性，和他一生的生活方式與經驗息息相關。人們年老時，不是自然而然地退出工作和社會生活，相反的，他們選擇讓自己繼續獲得滿足感的生活方式，個人的生活滿意度由當前的活動或生活型態與其生活經驗的一致性所決定。

　　社會持續理論認為一個人的人格及行為特徵是由環境影響與社會增強結果所塑造出來的。人的人格會隨年齡的增加而持續地改變，如個體適時改變人格，適應人生不同階段的生活，則能較成功地適應老化過程。一般人認為老年人常有的人格行為，可能是一種適應年齡增長，人格改變所表現出來的行為。隨著年齡增長，個人面對老化時朝向維持一定的生活型態，並積極尋找可以取代過去角色的相似生活型態與角色，此是老人於環境中維持老化適應的典型方式。老年不是一個獨立的階段，而是人生延續的一部分。老年人若能延續一生所從事的活動的水準就能在社會中生活得很好。中年時，社會生活活躍的人，進入老年若能保持活躍的社會生活，就會感到幸福。根據持續理論的觀點，割裂地看待老年階段，認為老年的標誌是脫離社會或活力水準下降，這是過於機械地簡單化、片面化地理解人的生命，而是應考慮到了個性與價值觀的差異。因此，強調應重視老年人的體力活動和社會活動。

三、撤退理論

　　撤退理論（Disengagement Theory）於一九六一年由 E. Cumming 和 W. Henry 提出，主張：老年不一定是中年期的延長，乃是從現存的社會角色、人際關係以及價值體系中後退撤離，此種撤退並非社會力量壓迫的結果，只不過是老化現象中一種內在本質的成長過程，使老人形成自我中心，自我滿足的現象。其基本觀點是以功能主義為出發點，強調社會必淘汰那些失能和隨時可能死亡的人，以維持社會的新陳代謝和系統的均衡。撤退理論是指伴隨老化，個人與其他人之間的人際關係的數量減少，並且殘存的人際關係的性質也在發生改變，這是一個不可避免的過程。強調從社會制度的視角出發，認為人的能力不可避免地隨年齡的增長而下降，老年人因活動能力的逐漸下降和生活中各種角色的喪失，希望擺脫要求他們具有生產能力和競爭能力的社會期待，願意扮演比較次要的社會角色，自願地退出社會。

　　撤退理論是建立在人類生物學的基礎上，強調：老年人身體逐漸衰弱形成了脫離社會的生理基礎；老年人脫離社會可能由老年人啟動（勞碌一輩子，希望能安享晚年），也可能由社會啟動（社會的歧視、排擠）；老年

人的脫離的積極性，有利於晚年生活，也有利於社會繼承；老年人的脫離過程有普遍性和不可避免性。當老年人社會交往的數量、性質、方式逐漸改變，隱退即成為循環的過程，更加減少他們與社會交往的機會。因此，人一生當中會有與社會相互脫離的情形，當人到了某一年紀，必須從社會上退出，從社會角色與社會交往中隱退這是成功老化所必須經歷的過程，也是一種有制度、有秩序、平穩的權力與義務的轉移。這個過程是促進社會進步、安定、祥和的完善途徑，也是人類生命代代相傳，生生不息的道理，撤退理論可以用來協助老年人適應退休後所面臨的種種生活改變。

四、社會環境適應理論

社會環境適應理論（Social Environment Theory）是闡述不同的環境背景，會塑造出不同的人格行為特點的老年人群。強調個體的人格是在社會適應、社會化過程中不斷完善發展的。隨著社會的發展，人們的生活壓力越來越大，如何適應社會的發展，是每個現代人都要面對的問題。社會適應是個體心理健康和人格成長的重要內容，社會環境適應為行為科學學者關注的研究領域。是以，除生理遺傳特點與群體之間相互影響外，環境也是影響人類人格社會化過程的重要因素。當環境改變時，人類為適應環境需求，會激發出許許多多潛能，以滿足生存和發展的需要。所以，老年人為適應生理、心理及社會改變，而產生出老年團體特有的行為特點，由於不同老人團體所處的環境有所不同，因而在不同的老人團體中會表現出自己團體特有的行為模式。是以，若能從老人社會環境的角度出發，提出了社會適應不良的危機干預策略，良好社會適應的培養與訓練方法，以及社會適應的各種效應等，以為高齡者帶來豐富的生活。

五、次文化理論

次文化理論（Subculture Theory）是 Rose 於一九六二年提出，主張老人是社會中非主流的一群，有自己特有特質、生活信念、習性、價值觀與道德規範。將老人視為一種不同的次文化，說明老年人有他們自己的規範、

期待、信仰和習慣，就像一個團體；因此，他們有他們自己的次文化，在同一次文化團體間，同儕的支持與認同對於適應老化有正向關係。在老年人的次文化團體中，個人社會地位的認定由過去的職業、教育程度或經濟收入轉移至健康狀態或患病情形。隨著老年人口的增加，該次文化團體也隨之壯大，許多相關的組織也隨之設立，如：美國的退休協會（American Association of Retired Persons），我國的老年大學等。同一次文化團體中，群體間的相互支持和認同與適應老化過程有正向關係。這個理論更相信老年人的次文化主要在回應失落的狀態，老人們由於身心社交各方面的衰退，所以適應環境較年輕人困難，此種情況會導致老人之間的互動與其他年齡的人互動較多，也就是老人與老人較容易相處談得來，而形成老人次文化，即是老人們有其獨特的價值觀點、態度與行為。這個理論主張：老年人比較不容易融入較大的社會團體，而且與團體內成員的互動多於和來自其他年齡團體的成員互動。

六、社會交換理論

　　社會交換理論（Social Exchange Theory）是二十世紀六〇年代興起於美國，進而在全球範圍內廣泛傳播的一種社會學理論。強調：社會就是一種權力結構，人類的一切行為都受到某種能夠帶來獎勵和報酬的交換活動的支配。因此，人類一切社會活動都可以歸結為一種交換，人們在社會交換中所結成的社會關係也是一種交換關係。乃是一種將社會互動視為交換性質之互動的社會學理論，它認定人與人之間的互動是利潤與成本的算計與交換的過程，也就是人們會去維持有利潤的報酬，但是也會盡量去迴避成本太高的人際關係。個體之所以相互交往，是因為他們都從他們的相互交往中通過交換得到了某些需要的東西。老人權力的縮減是他們在社會交換過程中被其他社會成員貶抑的結果。老年人是處於容易從交換網絡中退卻的困境，他們不易從交換中獲益，因為他們資源薄弱，無法與他人交換，期待獲取的報酬也相對地有限。

　　赫門斯（Homans）認為人人皆想在交換中獲取最大利益，致使交換行為成為一種相對的得失，而個人投資的大小與利益的多少，基本上是相對

的,且是公平分配的;進一步而言,代價之付出與利益之回收,是行動的
主要考慮因素。交換的內容區分了兩種社會報酬:

表 4-2　以社會報酬來探究老人的社會生活

種類	內涵	實例
內在性報酬	從社會交往關係本身中取得的報酬。	樂趣、社會贊同、愛、感激等。
外在性報酬	在社會交往關係之外取得的報酬。	金錢,商品、邀請、幫助等。

(資料來源:作者整理)

　　交換乃依參與交換者的價值而定,相同社經地位者,較易發展深厚情
誼,社經地位差距大者,彼此可能交集不大。如互相提供報酬將維持人們
之間的相互吸引與繼續交往,由於老人無法在人際關係上投資許多資源,
乃是造成其與年輕人互動逐漸減少的主要原因,尤其反映在那些技能已經
不符合時代潮流老人們的經濟與社會依賴上。由於長者處在不對等交換關
係,因此產生了社會的權力差異及社會互動的區隔現象。老年人成為依賴
制度性保護的新角色,因為他們是交換條件劣勢的弱勢族群,政府必須制
定保護措施保護之。

七、角色理論

　　角色理論(Role Theory)是指個人在社會上扮演社會期待的行為模式,
在社會活動中,各種角色總是不斷地相互影響和相互作用。一個人對自我
行為和地位的認識,總是根據對他人的行為和地位的認識獲得的,因為角
色的行為總是以對應的另一角色的行為為基礎的。人的人格和行為模式會
隨年齡的增長而改變,這些改變與角色功能的改變有密切的關係。一個人
在扮演某一個角色時,既要知道自己的身分和地位,也要知道對方的身分
和地位。人在不同的階段扮演不同的角色,如:出生時,只扮演第一角色
(子女)。所以對角色的認識,只有在角色的相互關係中才能更加明確。隨
著年齡的增長,扮演的角色也增加,由於角色性質不同,表現的行為也會
不同。在退休前,一個人的成熟社會化行為主要是功能性角色,如:為人

父母、職員或教師、主管等，社會對個人的期待較重視工作能力和責任；因此，個人的表現較偏向積極進取的行為模式。

　　由於明確了自己的地位，也就加深了對對方地位的認識，例如，父母和孩子的關係、教師和學生的關係、醫生和病人的關係等等，都是在與對方的相互關係中才明確了雙方的地位。隨著年齡不斷增長，功能性角色逐漸由情感性角色取代，老年人的行為特點則逐漸變為謙和保守，老年人若能對角色理論有所認識，並對角色改變的自然過程有所認知並接受，將有助於其對老年生活的適應。認為當個體經歷老化過程所帶來的變化時，他們會喪失象徵中年的社會角色和社會關係。例如，喪偶或同輩人死亡所帶來的關係和角色的變化。他們會因為退休而失去職業角色，他們需接納象徵晚年的新的社會角色和社會關係，比如，做祖父母。這一理論認為，成功的老年人在很大程度上取決於對角色變化和角色的喪失的調整適應。

八、年齡階層理論

　　年齡階層理論（Age Stratification Theory）由 Riley 於一九七二年提出，把年齡當作社會結構的一個組成，將人們的年齡分成各年齡階層，同一年齡層具有相似生理特徵、經歷，彼此互相影響社會化歷程。年齡階層理論關注老化過程的社會結構角色，並審視不同時間的年齡世代、不同時間的結構與個人間的不對稱，以及年齡世代與社會結構的互賴。此理論將人群按一定年齡間隔分成不同的年齡階層，老人群體同儕間會互相影響社會化人格與行為特質。強調：年齡與種族或性別等社會類屬一樣的，所有社會的不同年齡團體間都有年齡階層，或社會不平等存在。年齡階層理論以社會階層概念來探究老人的社會生活，其主要觀點是：

表 4-3　以社會階層來探究老人的社會生活

項目	內涵
同質性	同一年代出生的人不僅有相似年齡，而且具有相似的生理特點、心理特點和社會經歷；人們在社會上世代交替，以社會學的、生物學的和心理學的方式老化。

獨特性	新的世代不斷地產生，而且每一個都經驗著獨特的歷史觀感。新的年齡層群體不斷出生，並會對歷史有不同的感受。
層級性	依照年齡和角色的不同，一個社會被分成不同的階層。社會可根據不同的年齡及其所屬的角色被分為不同的階層。
變遷性	社會不斷變化，各年齡階層的人群以及他們的角色也一樣不斷變化；社會本身不斷地變遷，如同每個年齡階層中的人們和他們所扮演的角色般。
動態性	在個別的老化和社會的變遷之間存在動態的互相作用。年老到死亡這段時期內有一些重大的改變，如果個體有良好的心理建設與周全準備，將能坦然地面對死亡老人共同面臨的課題。

（資料來源：作者整理）

　　人的老化與社會變化之間的相互作用是呈動態的，老年人與社會總是不斷地相互影響。老年人是社會團體中的一個年齡階層，因此同一年齡階層之間的老年人之間會相互影響著老年社會化過程；正因為他們之間仍持續影響彼此的社會化過程，使得老人群體間擁有某些特定的普遍性行為模式。年齡階層理論認為老年人的人格和行為特點是一種群體相互影響的社會化結果。

　　老人主要發展任務：從職場撤退、重新評估資產、關心個人健康、安排休閒時間、適應更恆久的婚姻伴侶、尋求生命意義、適應單身、順從死亡、處理壓力、找尋新的成就來源等。從工作行列退休、調適因身心功能與社會角色的轉變與不確定感、處理衰退的身體功能與能力、面對配偶死亡、依賴他人、為死亡作準備、老人特定發展任務、適應地位角色的下降、接受退休事實、學習改變生活型態、適應減少與外界接觸、適應生活水準下降、處理新的經濟問題、做死亡的準備事宜、完全接納自己與他人、達到統整的境界、平靜地離開人世間。

九、社會建構理論

　　社會建構理論（social constructivism）強調個人的認知是在社會文化的環境之下建構的，因此所建構認知與社會文化脫不了關係，建構出的認知意義雖然是相當主觀，但也不是隨意的任意建構，而是需要與別人磋商和對話來加以調整和修整，而且會受到當時文化與社會的影響。該理論關注在較大

社會結構內的個人行動與社會行為，對瞭解個人老化過程受社會定義與結構
影響，人是按照自己賦予事物的社會涵義來參與日常生活的。人們對現實
的建構決定了他們會怎樣行動，社會是人所構成的，沒有人就沒有社會。
該觀點強調參與、互動、溝通、討論，人們確實經歷老化過程，但這種過
程的意義是社會的決定。這一理論不認為老年階段的某個特定取向就一定
是健康的或病態的，而是認為它只是個人對這一人生階段認識的反映。社
會建構理論關注人們怎麼看待自己的經驗，喪偶對一個老年人來說可能是
自我發展的新機會，而對另一個老年人來說，則可能是等待死亡的開始。

　　社會建構理論者認為：強調知識是由認知主體建構，而不是被動接受，
重視生活情境的應用。老年及其隨之而來的調整是一個獨特的個人過程，
取決於每個人自己的社會認識。按照這一理論，社會工作者就要盡量瞭解
老年人自己建構的世界是什麼，幫助他們參與與自己的世界觀一致的活
動，在採取介入行動時要考慮到老年人的世界觀。老年階段，個人必須學
會接受生活中所發生的一切，並得出對自己生命意義的理解。如果個人無
法對自己的生命感到安心，就不可避免會導致絕望，一種無法阻擋的生命
無意義感。

十、現代化理論

　　現代化理論（Modernization Theory）形成於二十世紀五〇年代，是對
工業革命以來社會的明顯變化進行析理，認為所有社會都是循著同樣的軌
跡，經歷同樣的階段，邁向同樣的目標而發展，目前各個社會的差異只是
在同樣一條進化的道路上，站的位置不同。其中在討論人口高齡化時，提
出現代化與老年人角色和地位變化的關係。由於社會日益現代化，伴隨著
工業化、都市化、世俗化、平庸化、法制化、消費化、個體化、理性化等
特質，促使年老的人地位不斷下降，他們擁有的領導角色和權力減少，越
來越多地脫離社區生活。

　　現代化是人類社會從工業革命以來，所經歷的一場涉及社會生活諸領
域的深刻的變革過程，這一過程的某些特徵，表明社會由傳統邁向現代的

轉變。是以,現代化實質上就是工業化,是人類社會從傳統的農業社會向現代工業社會轉變的歷史進程。把工業化作為現代化的始發原因,或者把現代化視為工業化的最終結果。現代化蘊含著社會變革,這種變革滲透到人的價值觀念、態度、信念和行動中,並改變了社會的制度和目標。有多個滲透到社會生活中的現代化因素與老年人的社會地位較低有關:

表 4-4　現代化對高齡者的影響

項目	内涵
健康壽命	防治疾病方面的健康技術延長了老年期的生活,使老年人口有所增加。
生產方式	在注重年輕人和工業化社會裡,年長的人被迫退休,他們的社會地位便會有所下降。生產和工業技術的應用為年輕人帶來新職業。年老的人由於缺乏再培訓的機會,會被要求提前退休。
都市生活	現今經濟和工業技術的發展導致了都市化,這意味著工作要與家分離。年輕人與老年父母的距離增大,這改變了代際關係和代際聯繫的性質。
技術變遷	經濟和工業技術的發展要求宣導讀書識字和受教育,這也使子女所受到的高等教育及專業技術廣度比父母多。
教育知能	在農業社會裡,年輕人要仰仗老年人的智慧,但是在工業社會裡,年輕人由於工作的關係會有更多的機會有區域流動和社會流動。老年人飽受依賴他人和社會地位下降之苦。
社會流動	年輕人向上流動所取得的高於父輩的社會地位導致了老年人社會地位的相對降低,社會資源直接向年輕人傾斜而遠離老年人,加劇了老人地位的下降。

（資料來源:作者整理）

十一、批判理論

批判理論(Critical Theory)是採用批判的觀點來看社會現象,起源於一九二九年德國法蘭克福(Frankfurt University)大學所成立的社會科學觀點,通過揭露制度和文化中的霸權對非公義社會的製造和複製,啟蒙人的自覺、反抗的意識和能力,以獲得自由、解放的理論。主張人性並不是以物質為基礎,而是在自然、社會與自我三個生活面向中顯現出來。老年人成為受保護和社會依賴人口群的一員的新角色,因為,他們的經濟資源能

力與機會被消滅了。是以自我塑造來排除意識型態宰制的過程，透過理性，個體自願在生活中表現得自我獨立與負責。批判理論主張對社會生活的實際狀況加以啟蒙，啟蒙即揭露個人及團體的真正利益所在，利益則是指特殊團體的需求與關切，尤其是指在自利的意識與原則下對既得利益或不利地位的關注。對於優勢群體來說，他們總是維持既得利益，從屬的、弱勢的團體則傾向於改變困境，爭取權力和利益。老年人因為減少獲取生產工具和資源的機會，所以，老年人必須在充滿衝突的生活情境中求生存和發展。批判理論就是要揭露這種不平等，並啟發人們為爭取平等而努力。所以，在批判理論學者的眼中，社會生活的核心是衝突的、緊張的。

　　批判理論認為意識型態滲透於人類日常生活中，如家庭、學校、友情等，是一種充滿常識性假設和日常經驗的意識。它以常識的形式遮蔽著人的真正利益，壓抑和消解了人的覺醒意識和塑造社會的能力，從而服務於特定團體的利益，助長著社會的不公。批判理論致力於解釋和揭露常識掩蓋下的意識型態，使人認識到常識的本質，並獲得啟蒙和走向解放。是以，老年人是退縮不前和落落寡歡的弱勢族群，因為他們本身資源匱乏。該理論藉由質問傳統主流老人現象，挑戰傳統的思維，以更具批判意義與人道主義的方法建構社會的老化模型與老化觀點，其前提則為「老化問題是社會的」，因此，可藉由社會行動匡正。

十二、符號互動理論

　　符號互動理論（Sysmbolic Interaction Theory）是採用微觀的方式探討人際關係中人與人互動的過程，主張從人們互動著的個體的日常自然環境去研究人類群體生活，人類與其他動物不同之處，在於其有思考的能力。在人際關係中，人對事物所採取的行動，是以這些事物對個人的意義為基礎。在社會互動中，人類可以習得意義與各種象徵符號，使其得以運用於獨特的思考能力上。個人對於他人的行為並非產生直覺的反應，而是透過思考詮釋，然後針對他人行為的意義，產生文字等抽象的符號媒介，個體的行為受他自身對情境的定義的影響。人對情境的定義，表現在他不停地

解釋所見所聞，賦予各種意義於各種事件和物體中，這個定義過程，是一種符號互動。

符號互動理論的觀點就是，當個體在應付其所遇到的事物時，會透過自己的解釋去運用和修改這些意義，個人是經由參考團體而學到社會所公認的觀點。因此，參考團體的觀點就常常成為個人的觀點。欲了解一個人的行為，就必須先了解他生活的團體行為，將社會看成是一種動態實體，是經由持續的溝通、互動過程形成。本理論基於社會背景中，人們與其他人的互動中衍生的自我概念。也就是我們朝向去思考別人如何看待自己，並據此產生回應。一旦人們定義我們為某特定角色，就會以對待該身分的方式對待自己，個體自我概念與行為也會因此改變。對老化的論點是主張環境、個人與他們周遭的事物，會影響人們的老化經驗。這些事物的意義源自於個人與其同伴的互動，而不存在於這些事物本身之中。老人的生活滿意度之正向或負向結果取決於在環境規範中人所擁有的資源的多寡，而此理論認為個人與社會都能創造出不同的選擇與出路。人透過人際互動學到了有意義的符號，然後用這種符號來進行內向互動並發展自我。

貳、老年社會工作的應對

老年社會學強調所有的社會都常將人們的生命劃分成一連串的階段，並預期他們在每個階段會有不同的事要做。這些階段共同構成生命歷程（life course），它是一種地位與角色的承繼，也是人們於特定社會隨年齡增長而經歷的相當可預期模式。根據社會繼續理論的觀點，認為老年人仍應繼續積極參與社會活動，與社會繼續保持聯繫，和別人繼續互動，以達自我調適，認為它要維持其焦點在社會與心理的適應。老年人成為強化老年人社會互動能量、暢通老年人社會互動資源、和增進老年人正性形象的新角色。

隨著社會高齡化，在面對老人棄養、獨居老人、老人受虐、老人照護等現象，亦突顯老人缺乏關懷、照顧，和老人本身缺乏自尊和自信，導致

衍生老年人自殘和互殘的社會問題，更不容忽視。是以，老人托養、老人活動、老人年金等問題遂成為老年社會工作的應對重點。自學理及實況分析，老年的生活特徵更與我們在青年時期相類似，我們的中心人格特徵變得更顯著而已，我們的核心價值變為更顯著突出，例如一些人經常是被動的、退縮的，不會因為退休而變得更為活躍。相對的某些人參加許多社會組織、社會運動或宗教社團活動，也不會在退休後或移居他地時全部停止活動。人口高齡化是深刻的，普遍性的，對人類生活的所有方面都有重大的後果和效應，足以影響每個人的一種全球性現象。

　　一個成功的老人或稱為正常化之老年期（successful aging），端視能否維持一種成熟的與整合的人格特質，繼續生活適應環境的變遷。該階段的應對因素如下：

表 4-5　人口高齡化的應對因素

項目	內涵
經濟領域	普遍性的人口高齡化，將對全世界的經濟成長、儲蓄、投資、消費、勞動力市場供需與就業機會、退休養老金、財政稅收，以及世代之間的轉接，都會發生重要衝擊。
社會構面	人口高齡化將深刻的影響到國民保健、醫療照顧、家庭構成組織、生活型態及社會價值觀、居住與遷徙。
政治構面	人口高齡化會影響到社會需求，亦反映在社會政策與立法作為，乃至於投票模式與人民群體的代表性。

（資料來源：作者整理）

　　是以，在老年社會工作的應對要根據生理學的因素、心理學的分析、社會學的變遷與個人一生的生活方式進行作為。服務老年人時，不僅要知道老化的相關理論，還必須瞭解不同理論是以不同角度以及不同老年人群來探究，瞭解影響老年行為表現模式的因素與原因，各種老化理論都有其適用性上的限制，在應用老化理論時需慎選，並應該應用不同的概念於不同的老年人，在服務的實踐中，需要不斷地驗證理論的實用性，以作為評估和計畫活動的指南。其中：

表 4-6　老年社會工作的應對的主要考量因素

項目	內涵	實務作為
角色轉變	無論是退休、親友去世還是自己生病等，老年人在遇到這些重大生活事件時都需要在角色上作調整，可能失去一些角色，也可能會獲得一些新角色。社會工作者要幫助老年人調整自己，適應新的角色，或者發展新角色，替代逝去的角色。	退休了，有些老年人不能適應，可能會生病，心情不好，社會工作者可以在社區中經常開展一些針對老年人的社區活動、針對社區退休人員的小組活動，結交新朋友，融入社區，適應角色轉換。
尊重差異	幸福的老年生活沒有一個固定的範本，社會工作者要關注老年人自己對生活的理解和追求，不應以自己的想法去替代老年人的想法，特別要注意一般公眾對老年生活的理解對社會工作者自己的影響。社會工作者應該基於對老年人的充分瞭解來提供和規劃服務。	有的長者注重儀容，穿的衣服很時尚，而且是名牌產品，歲數大了，但身體狀況很好，經常換新衣服。有的長者則重視節儉，考量少有經濟來源，較少消費，將就生活；這些來自自己的選擇，無可厚非的。
社群互動	老年人需要保持與社會的連結，維繫著親人和朋友的關係。通過自己的寵物，通過與他人的聯繫，通過線上網路聊天，甚至在公園運動都是老人和社會保持連結的方式。老年人需要社會交往以保持智力功能和社會功能。	一個人退休了，養了一條狗，每天出來遛狗，可以藉遛狗的時間和一些人交流，並有了社會參與。因此，社會工作者要想辦法讓老年人融入社會，保證老年人和社會的交往。
學習新知	儘管活動理論提出老年人對於老年的調適常常會延續一生的行為型態，但是老年人總會有可能改變自己的活動型態。堅信人是可以改變的是社會工作專業的一個基本支柱。	老年作為生命歷程的一個階段給老年人提供了許多改變的機會，老年人願意嘗試的新活動或許就取決於社會工作者的創意和鼓勵。
長者需求	老年人在現代化的情勢下在許多方面處於不利地位。面對變遷，老年人可能缺乏學習的機會和應對的資源，社會工作者應該關注社會變遷對老年人的影響，充當宣導者，提出相應的政策建議，讓老年人有更好的制度保障。	一生都用來照顧家人，但是在晚年可能是長青學苑的優秀人選。早年沒有機會參加某些活動並不一定表明老年人對這些事情不感興趣或是沒有需求。

（資料來源：作者整理）

　　社會活動理論描述了老年人在老化過程中的調適，按照這個理論，在實施老人關懷活動方案時，涵蓋面要廣，方案要照顧不同情形的老年人。由於不同早年經歷的老年人的需求，在幫助老年人積極應對時應注重老年個體的差異性，尊重老年人自己對生活意義的理解。預知一個人如何調適老化最好的方式是調查那個人在生活中如何調適變化。因此，服務老人時，要能充分收集並瞭解其基本資料與成長文化背景，才能擬訂完善並且個別化的計畫並付諸實施。社會隔離可能會對老年人造成致命的傷害，社會隔離讓老年人處於危險境地，它對憂鬱症、失智症、濫用藥物產生了推波助瀾的作用。

結語

　　我國從「高齡化社會」進入「高齡社會」的速度比其他國家快，法國需時一百三十一年、瑞典八十八年、美國六十六年、英國五十一年、德國四十年，預估我國將與日本相似，只需歷時二十六年左右，約二〇一八年就達到「高齡社會」，而至二〇二六年左右，達到「超高齡社會」。我國高齡化社會問題已不容忽視，需要全體國人瞭解此一議題，並尋出解決之道。

　　二十一世紀將預示世界人口變遷的來臨，全球六十五歲以上老年人口也將明顯增加。這種銀髮趨勢必將帶來對於政治、經濟與社會的衝擊，臺灣社會與文化的所有層面也將受其影響。世界各國目前正面臨著人口老化的問題。因此，老人的社會適應問題以及老人照顧的需求皆受到世界各國的密切注意與關懷，對老人的關懷已成為重要趨勢。面對未來的老化過程，為了妥善處理許多老人問題與難題，不同的社會服務模型與福利政策考量是必要的。要對老化過程與老人問題做合理與完整的詮釋，多種理論觀點的整合是有必要的。在老年社會學理論中，影響老化的因素有人格特徵、家庭結構、教育程度、社區規範、角色適應、文化與政治經濟狀況等。不同的社會有不同的制度，社會對老年人的角色期望與行為規範也有

所不同。當影響老人的政治、經濟與社會條件改變時，新的觀點就將重新發展。

第五章 人口結構的高齡化

前言

人口高齡化就是年紀大的人口，在人口總數中所占的比率增加了。其根本道理是因為生育率減低，也就是說人口金字塔的底層萎縮、頂尖擴大，以致於形狀變得像柱子一般。二十世紀後期，為控制人口的急劇增長，國家推行計畫生育政策，使得人口出生率迅速下降，加快了人口高齡化的進程。誠如，美國社會學家米爾斯（C. Wright Mills）把社會學（sociology）定義為：一門研究人類社會和社會環境內人類行為的學科。米爾斯認為，社會學家的視野，應該超越個人的心理學和獨立的事件，而應該注意那些可預測的廣大模式和社會生活中的例行事件。是以老年社會學強調以宏觀的視野，來觀察、解釋、預測乃至控制，因為人口高齡化對社會的影響。爰此，藉由人口結構的分析以建構成功老化的社會。

千年以來，人類都生活在人口均衡的狀態中，出生率剛好補足死亡率，因此，人口增加的進展是持續的。醫學與衛生上的進步使得死亡率大為降低，也造成人口的急速成長。低死亡率與低生育率目前正在形成某種新均衡中。這種新狀況不僅限於富有與工業化的國度裡，它已成為一種全球性的現象。

壹、人口高齡趨勢明顯

人口高齡化是指老年人口在總人口的比例增加的過程，聯合國為關懷高齡者的生活境況與生命品質，於一九八二年制定了「國際老化行動計畫」（International Plan of Action on Ageing），作為老人人權的重要內涵。這些老化的來臨既不同時、步調也不一致。它們與個體有互助關係，卻也自行進展，也就是說，可因人而異，因人而有所修改。人類老化一事不可以簡化為單純的生理變化，要討論的老化，需要包括生物上、社會上、心理上、情感上、歷史上、科技上等等的各種變化。通常人們對人口高齡化或高齡

化的理解常常隱含著指老年人規模增大、增長速度加快、老年人口在全部人口中比例增加，因為在一般的人口發展過程中，三者常常是同時出現的。

　　人類很早就對個體高齡現象有所探討，對於人口高齡化則是到了現代社會有了人口統計以後，才逐步認識的。從理論上揭示人口高齡化的歷史距今不過半個世紀，老年人規模的擴大不等於老年人口比例的增大，所以不能視為人口高齡化。但在總人口規模變化不大時，老年人口規模增大，老年人所占比例也會隨之增大，即出現人口高齡化。二十世紀四〇年代，諾特斯坦（F. W. Notestein）、戴維斯（K. Davis）最先系統地論述了人口轉變的條件、原因和理論，創立了「人口轉變理論」，提出人口發展過程可以劃分為三個階段：

表 5-1　人口轉變理論

項目	內涵
原始階段	以高生育率、高死亡率、低自然增長率為基本特徵。
過渡階段	以死亡率先行下降，生育率隨後下降，人口自然增長率先升後降為基本特徵。
現代階段	以低死亡率、低生育率、低自然增長率為基本特徵。

（資料來源：作者整理）

　　人口轉變理論的重要內容是對人口轉變原因的解釋，從人口出生率、死亡率、自然增長率變動的原因來解釋。認為，死亡率的下降主要是由於工業化帶來了農業、運輸業、製造業和醫療衛生上的技術進步，從而帶來食物供給、生活水準提高和健康狀況的改善。生育率下降的原因遠比死亡率變動原因要複雜。主要認為工業化、現代化的進程導致社會、經濟、文化等各個方面都發生變化，而這些變化又作用於人們的生育行為，其中文化的作用更為深刻，生育在本質上是一種文化，社會經濟的發展只有經由生育文化中間變相影響作用於生育意願，引起生育率的變動。儘管西方學者對人口轉變過程的描述不全然相同，但是他們對人口轉變過程的認識卻相當一致，都認為人口轉變過程是由「高出生率、高死亡率、低自然增長率」，到「低出生率、低死亡率、低自然增長率」的階段，是從人口出生率與死亡率由高位元均衡向低位元均衡的過渡。

表 5-2　人口轉變的特徵

項目	內涵
以老年人口的比例計算	人類的個體高齡化是用日曆年齡來表達的，它直接決定於時間推移，時間向前推進一年，每個人的年齡就增加一歲。而人口高齡化不是以日曆年齡來表示，而是以老年人口的比例增大或平均年齡來表示，時間推移與人口高齡化程度的提高並不一定同步。
人口高齡化非單向變動	個體高齡化用日曆年齡表示，但其參照係數是生理年齡和心理年齡，隨著日曆年齡的增長，個體的生理年齡和心理年齡也向衰老發展。所以，在個體老化過程中，生理年齡老化是必然隨之發生的，雖然過程有快有慢，但總是漸進的、單向的、不可逆轉的。而人口高齡化它的發展取決於社會經濟發展的水準，因此，人口高齡化不是單向的，可以向進一步高齡化發展，在一定條件下也可以逆轉為人口年輕化。
社會高齡化非人的衰老	個體高齡化是由生物學規律制約的，高齡化過程是出生、發育、成長、衰老直至死亡的變化過程。而人口高齡化不是由生物規律直接制約的，生物學規律通過一定環境下的個人增齡過程發揮間接作用，但人口高齡化不會伴隨個人衰老過程死亡或消失。

（資料來源：作者整理）

　　人口轉變實際上就是從原始階段向現代階段的過渡階段，即人口轉變階段。顯然，人口高齡化的前提和基礎是個體高齡化，沒有越來越多的人成為老年人就談不上人口高齡化。個體高齡化可以用個體老化表明個體衰老過程是客觀過程；人口高齡化是總人口中老年人口比例的增大或平均年齡的增加，但不是人口或社會的衰老。所以，用人口高齡化不會引起誤解，它是指老年人口比例的提高或平均年齡的增加。

　　雖然老年人口比例的提高和平均年齡的增加的根源之一都是個體的增齡，但人口高齡化反映的是全體人口年齡結構的變化。

貳、人口高齡化的指標

　　在思考人口問題特質時極富啟發意義的事實，因為它說明了某個階段的出生數量將對之後數十年產生長遠影響。一般來說，過去的現象不僅會影響到現在，還將「束縛」可預見的未來。儘管人口金字塔的變化可以幫

助我們從視覺上理解人口結構的變化，但為了思考未來超高齡、人口減少社會的現實與對策，必須進行更加細緻的分析。反映人口高齡化的指標大致可以劃分為三大類：反映人口高齡化程度指標、反映人口高齡化速度指標和撫養比指標。

一、反映人口高齡化程度的指標

　　常用的反映人口高齡化程度的指標有：六十歲或六十五歲及以上人口占總人口的比例、人口年齡中位數、兒少人口比例、老年人口與兒少人口的比值。

1.老年人口比例

　　也稱老年係數，指六十歲或六十五歲及以上老年人口占總人口的百分比。這一比例的變動也常常被用作衡量人口高齡化或者年輕化的重要指標，人口高齡化的定義就是以老年人口比例的變動為基礎作出的。

2.人口年齡中位數

　　年齡中位數是將總人口按年齡排列分成人數相等的兩部分的年齡，一半人口在年齡中位數以上，一半人口在年齡中位數以下，所以，年齡中位數的上升或下降可以清楚地反映出總人口中年齡較長的人口所占比例的變動情況。由於計算相對容易、涵義清楚，各國統計資料中都經常予以公布，因此，它是度量人口年齡結構時常用的指標之一；它的變化可以敏感地反映出人口總體的變化趨勢，因此也被認為是度量人口高齡化的基本指標之一。通常所說的一個人口的年齡一般就是指年齡中位數。

3.平均年齡

　　指在一個人口中，所有個體年齡的總和除以人數。這個綜合指標表示人口高齡化把總體內所有個體都包括在內。計算平均年齡在小的人口群體中容易做到，如教師的平均年齡，但就很大的一個人口群體來計算平均年齡就比較麻煩，如勞工的平均年齡。

4.兒少人口比例

也稱少年係數，指十四歲及以下兒少人口占總人口的比例。這一指標增大表明人口年輕化，當這一指標縮小時，就從反面來說明人口高齡化。

5.老少比

老少比是老年人口數與兒少人口數之比，在以六十五歲為老年人口起點的情況下，其計算公式為：

老少比＝（65 歲及以上人口數÷0-14 歲人口數）×100

老少比同時考慮了人口年齡構成中高、低兩頭年齡組的人口數。

二、反映人口高齡化速度的指標

人口高齡化的速度指的是某一時期人口高齡化程度的進展或高齡化程度由某一程度（如六十五歲以上老年人口比例占百分之七）提高到另一程度（如六十五歲以上老年人口比例占百分之十四）所需的時間。由於表達人口高齡化程度有不同指標，所以，反映高齡化速度也有一系列相應的指標。常用的測度人口高齡化速度的指標有：

1. 一定時期（如五年、十年或更長時間）老年人口比例每年平均增加的百分點或增長速度。
2. 一定時期（如五年、十年或更長時間）每年平均增加的中位年齡（歲數）。
3. 老年人口比例由某一程度增加到另一程度所需的年數。
4. 年齡中位數由某一年齡（如二十歲、三十歲）增加到另一中位年齡（如三十歲、四十歲）所需的年數。

三、撫養比指標

人口高齡化是社會經濟發展的結果，反過來，這種人口年齡結構的變動又會對社會經濟的進一步發展產生廣泛的影響，其中最顯著的影響之一就是使人口的撫養比出現很大變化。

撫養比又稱撫養係數，從嚴格意義上說，應為勞動者和非勞動者人數之比，但實際上常常指人口中非勞動年齡人數與勞動年齡人口數之比，一般以百分數表示。表明，從整個社會來看，每一百名勞動年齡人口負擔多少非勞動年齡人口。

常用的撫養比指標有：兒少人口撫養比、老年人口撫養比和總人口撫養比。

在我國，一般以十五至六十五歲為勞動年齡人口，十四歲及以下和六十五歲以上為被撫養人口。按照這樣的勞動年齡劃分，可以分別計算出總撫養比、兒少撫養比和老年撫養比，各個指標表示了社會對不同人口的負擔情況。這三個撫養比指標的計算公式如下：

1. 總撫養比＝（[15 歲以下人數＋65 歲以上人數]÷15-65 歲人數）×100
2. 兒少撫養比＝（15 歲以下人數÷15-65 歲人數）×100
3. 老年撫養比＝（65 歲及以上人數÷15-65 歲人數）×100

生育率變動的原因有：

第一，避孕技術的發明、應用、擴散；

第二，兒童的經濟價值發生了變化，扶養成本上升，對家庭的經濟貢獻下降；

表 5-3　臺灣高齡人口結構概況

年別	65 歲以上人口				65-74 歲人口		75 歲以上人口	
	人數（萬人）	占總人口（%）			人數（萬人）	占 65 歲以上人口（%）	人數（萬人）	占 65 歲以上人口（%）
		高	中	低				
2006	226	9.9	9.9	9.9	132	58.1	95	41.9
2016	302	12.8	13.0	13.1	175	58.1	126	41.9
2026	475	19.8	20.6	21.2	296	62.3	179	37.7
2051	686	32.3	37.0	40.2	317	46.2	369	53.8

（資料來源：行政院經建會，2008）

第三，女性的經濟地位發生變化，女性的就業機會增多，在獲得就業收入與生育子女之間的機會成本增加；

第四，嬰兒死亡率大幅度下降，由於高的嬰兒死亡率而帶來的高生育率補償的心理因素消除；

第五，家庭的傳統功能發生了變化，子女不再是老年人養老的可靠保證，社會養老保障體系的出現解決了老有所養的問題；

第六，由於教育水準和多元文化的影響，人們更多的追求個人價值體現和個人生活方式，如出現的「頂客族－夫妻不生育子女的族群」。

生育率下降是與教育、公共衛生的發展以及貧困程度的減輕緊密關聯的。出生率下降與成人識字率和預期壽命的關係，較之宏觀的人均國民生產總值更為密切。特別是，生育率自然而然的下降與人的發展尤其是婦女生存境遇和受教育狀況的改善關係密切。婦女得到更多的良好的教育是降低生育率的關鍵性因素之一。這些原因都要透過作用於人們的生育觀念，引起人們的生育行為發生變化，從而導致生育率的下降。

為了合理的人口結構，臺灣實施家庭計畫，主要目的在於遏制人口的過快增長，加速人口轉變，盡可能短的時間內達到了人口數量控制的目標。成功地實施了人口數量控制的政策，並為經濟發展創造了良好的人口條件，提高了國內資本儲蓄率。與歐洲國家人口轉變的時間不同，如英國經歷了一百五十年的時間，臺灣的人口轉變僅用了六十餘年便完成。

參、高齡化社會的形成

人口轉變的主導原因是工業化、現代化和都市化的發展，特別是醫療技術的進步，生活條件的改善，一方面促進人口死亡率率先下降；另一方面，生養孩子成本的增加使孩子的家庭效益弱化，避孕技術的推廣使人們少生孩子成為可能，同時受死亡率下降的拉動，人口出生率隨之而下降，最終實現人口增長從高出生率和高死亡率的高位平衡向低死亡率低出生率的低位平衡過渡，「這是人口轉變的標準解釋」。

　　二次大戰以後，發展中國家基本上是高生育率，人口增長迅速。政府在控制人口增長過程中的決定作用。二戰後，臺灣人口轉變也具有發展中地區人口轉變相同的特點，這是受傳統生育文化「不孝有三，無後為大」，「多子多福」影響，上個世紀五〇年代也是人口高增長地區。二十世紀四〇年代末，死亡率的下降、嬰兒潮的出現、百萬大陸移民的進入，給臺灣的社會、經濟、就業、環境資源等造成很大的壓力。臺灣光復時人口六百萬，人口密度每平方公里為一百六十七人。一九四九年由於社會的穩定，經濟的發展，人們的營養狀況得到普遍改善，醫療衛生知識和技術的普及，臺灣人口為七百四十萬人，受二戰後嬰兒潮及死亡率下降影響，其中死亡率從一九四九年的千分之二十降到一九六五年的千分之十，以後一直緩慢地下降，使人口總數於一九五八年突破一千萬人。為使人口成長與社會經濟相結合，一九六四年，全面推行「家庭計畫－即計畫生育」工作，倡導避孕，提出「子女少、幸福好」、「一個不算少，兩個恰恰好」等口號。此後，臺灣育齡婦女的生育率逐漸下降，成功緩解人口增長壓力，同時死亡率自七〇年代中期降至千分之七的低水平。二十世紀八〇年代以後人口增長率開始持續下降，一九九一年首次降至百分之一以下。相應的出生人口平均預期壽命從上個世紀五〇年代初期的四十八歲增加到一九八一年的六十八歲，二〇〇〇年已經突破七〇歲，接近發達國家的平均水平。人口死亡率早於出生率約二十年迅速下降，並於上個世紀七〇年代中期趨於穩定。從死亡率主導的人口轉變轉向以生育率主導的人口轉變。

　　考慮到人口增長持續下降，將引起人口老化與新增勞動力減少的問題，遂修訂「人口政策綱領」，提出「兩個恰恰好，三個不嫌少」的政策，鼓勵婦女生育。近年來，又提出「祝你好孕－兩個孩子很幸福，三個孩子更熱鬧」的口號，希望民眾多生幾個小孩。但是，臺灣的生育率並沒有止跌回升，近年來更是屢創新低。二〇〇〇年，臺灣每年尚有三十萬新生兒，此後一路走低。二〇〇五年出生嬰兒數約二十萬人。由於出生人口連年下滑，預計二〇一九年臺灣人口將零增長。臺灣老年人口（六十五歲以上）所占比率持續攀升，至二〇五一年將達百分之三十七，人口高齡化速度超過預期。

　　我們不能把高齡者看成一個獨特的群體,而高齡者也並非只能限制在「高齡者」這個角色之中,隨著社會變異,高齡者仍能更有自主性地選擇自己想成為的角色,從事自己想要做的事情。老人人口比例、人口老化指數、扶老比為高齡化社會的三項指標。「人口老化指數」是以六十五歲以上人口數,除以十四歲以下人口數,所得出的比率。「扶老比」則是以六十五歲以上人口數,除以十五至六十四歲人口數,所得出的比率,我國扶老比呈平穩上升趨勢。第二屆世界高齡大會討論的主要內容在於協助各國社會回應人口老化過程,並建議其所應採取的重要行動策略,包括:建設「不分年齡,人人共享」的社會,使代與代間更加和衷共濟。

表 5-4　臺灣人口結構概況

年分	1981	1991	2006	2016	2026	2051
0-14 歲人口 占全國百分比（%）	31.6	26.3	18.2	13.0	11.3	7.8
15-64 歲人口 占全國百分比（%）	64.0	67.2	71.9	74.0	68.1	55.2
65 歲以上人口 占全國百分比（%）	4.4	6.5	9.9	13.0	20.6	37.0

（資料來源:行政院經建會,2008）

表 5-5　臺灣與其他國家老化速度的比較

國別	由高齡化社會到高齡社會的年數	老人人口由 10%至 20%的年數
法國	131	76
瑞典	88	63
義大利	63	42
英國	51	74
德國	44	58
美國	66	63
日本	26	21
臺灣	26	20

（資料來源:行政院經建會,2008）

　　臺灣社會人口年齡結構逐漸改變，人口高齡化程度逐步加深。人口高齡化受出生率和死亡率的雙重影響（還受人口遷移影響）。事實上，由於死亡率的下降超前於出生率下降，在出生率開始下降的時候，死亡率或仍在繼續下降，或基本穩定在低水平，所以出生率開始下降的時候就應該是人口高齡化步伐啟動的時間。老化是一種生命過程與現象，高齡者雖已經自工作角色撤退下來，但仍應有均等參與社會的機會與權利。高齡者藉由參加活動，保持與社會的接觸，才能維持生活的意義與功能，強化自我概念，並促進高齡者身心的健康，使其生活過得有成就感。

　　老年的進入該看下列各項標準：生物上、社會上、法律上、年代上、心態上、心理情感上、經濟上等等。老化為一個耗損的過程，必須符合下列四種條件，才能稱為老化現象：

表 5-6　老化為一個耗損的過程

項目	內涵
普遍性	同種生物的每一成員皆會發生生理機能變化。
內蘊性	非外在因素所致，源自內在的生理變化。
漸進性	隨著年齡增加而持續發展，並在某一年齡後的發生率提高。
影響性	此種變化妨礙生理功能的正常運作。

（資料來源：作者整理）

　　從人口轉變角度看，在轉變的初期，出生率大於死亡率，使得人口年齡結構年輕化。如果人口出生率一直較高，那麼，快速的新增人口成長，將會帶來兒童撫養比和總撫養比上升，人口負擔不斷加重。隨著人口轉變的加快，出生率下降帶來新增人口成長壓力減少，而早期快速成長的新增人口已經成為具有生產性的勞動適齡人口，於是帶來兒童撫養比和總撫養比的迅速下降。此後，人口高齡化速度逐步加快，老年撫養比上升推動著總撫養比不斷上升，回到高撫養比的人口負擔水準。因此，人口轉變可以為一個國家和地區的經濟發展帶來了一個千載難逢的機會，而臺灣正利用這一人口轉變帶來的歷史機遇加速發展。

肆、建構活躍老化社會

　　人口是社會生活的主體，是影響社會發展的基本力量，適度的人口增長是社會可持續發展的基本條件。無論是經由人口的出生還是人口的移動來獲得人口的增量，人口的適度增長都將保障人口的自我更替，保證人口再生產的生命活力，同時人口的消費可以促進經濟的發展，人口的需求也可能帶來科技的創新。在一個能夠靈活、及時作出回應的市場經濟體制中，人口的需求帶來人口壓力的同時，也帶來了人口推力。人口發展蘊藏著生生不息的機遇和財富，我們要努力實現人口紅利增量的最大化、人口紅利釋放的持久化。人口是不是一種積極的力量，取決於我們能不能樹立全生命進程的觀點，能不能樹立全人口投資的觀點，並且以人的全面、積極的發展為宗旨推進人口質的發展。只有對處在不同生命歷程的人口進行人力資本的投資，全力推進不同時期、不同地區、不同階層、不同性別、不同年齡人口的發展，人口的積極力量就能被激發甚至最大化。

　　人口增長與經濟發展之間並不存在簡單的線性的因果關係，其中社會價值和政策措施因素相當關鍵，人口的力量不僅僅取決於增長所帶來的需求效應，而且取決於制度所導引的人口作用方向。「全人口投資」概念，包括了對潛在人力資源的投資和對老年人力資源的投資，其有健康、知識、技能、道德、審美、價值等方面，從而超越了經濟學視角下的人力資本投資概念。例如，教育在當前看是一種消費，從長遠看是一種投資。全人口投資不僅僅包括：義務教育、公民教育、自我教育和環境教育，也包括老年教育。如果說人口控制做的是減法和除法，全人口投資做的就是加法和乘法。積極的人口觀將重點放在加法和乘法上。在整個生命進程中，我們才能了解到人口力量型態的積極轉變，才能積極看待人口的內涵。長遠的人口發展必須注意人口的結構性協調和持續性發展。從「控制人口的數量」轉向「控制人口的風險」，即控制人口發展的生態失衡危機，這是「全人口投資」對人口發展的要求。

今天我們生活的這個社會體系，人口壽命延長，資訊發達以及教育普及，使人的預期壽命可以活到近八十、甚至九十歲以上，這一個新因素促使我們把人口議題加以考量，也該就新環境來探討對我們社會生活的某些現象。

從世界衛生組織倡議「活躍老化」揭示：社會參與（Participation）、個人健康（Health）、社會安全（Security）被稱為活躍老化的三個支柱，這三個支柱主要立基於尊重高齡者的人權，以達到建構一個符合老化的正常化和社會整合的目標。活躍老化是一種過程，此過程藉由提供人們獲得健康、參與及安全的適切機會，以增進老年期的生活品質。至於活躍所強調的不僅是身體健康或投入勞動市場，還包括持續參與社會、經濟、文化、精神與公眾面的事務。

日本考量本身為全世界最長壽的國家，二十一世紀時邁入每四人中有一人為六十五歲以上高齡者的超高齡社會，為創造此高齡化社會成為每一位國民均健康、對人生感到有意義、能安心生活的長壽福利社會，特於一九九〇年實施「高齡者保健福利推動十年戰略（黃金計畫）」（Gold Plan），該計畫共有下列八大重點：

表 5-7　日本高齡者保健福利推動十年戰略（黃金計畫）

項目	內涵
推動高齡者的生活教育	推動高齡者培養生命意義與維護健康推動示範計畫，並於所有都道府縣設置「長壽社會推動機構」。
推動長壽科學研究計畫	充實研究設置國立長壽科學研究中心，並設立支援長壽科學研究的財團，執行照護及預防治療等綜合性長壽科學計畫研究；再者，亦針對將來高齡化社會主人翁，規劃健康出生及養育之對策，特別是提升保健醫療之品質。
推動社區高齡開發事業	鼓勵民間業者設立老年保健及福利綜合機構，積極設立以高齡者生活、照護、健康及生命意義活動為事業主體的綜合性機構；另一方面檢討國立醫院及療養所合組伴隨來的土地活用問題。
推動黃金計畫支持對策	黃金計畫實施後，考量福利人才的供給問題，特設置福利人才諮詢中心，建構福利服務人才資料庫；設置照顧實習暨推廣中心，提升照護服務品質。

推動緊急機構設置計畫	緊急設置機構－機構對策推動十年計畫：目標為設置特別養護老人之家二十四萬床、老人保健機構床位二十八萬床、護理之家十萬床，以及四百所偏遠地區高齡者生活福利中心。
零臥床高齡者戰略計畫	內容包括建立以全體國民為對象的腦中風情報系統、充實民眾有關預防腦中風或骨折等健康教育知識、有計畫地在居家照護支持中心配置保健護士等專業人員，目標為培訓二萬名居家照護指導員（保健護士）及八萬名居家照護諮詢協力人員（如志工）。
設置長壽社會福利基金	設置「七百億長壽社會福利基金」：該基金主要用於支援居家服務及居家醫療服務，並補助老人活動所需之各項經費。
居家福利推動十年計畫	市町村居家福利對策緊急擴整－居家福利推動十年計畫：譬如培訓十萬名居家服務員、設立五萬床短期照護床位，設置一萬所的日間服務中心及居家照護支援中心等。

（資料來源：作者整理）

　　隨著人類平均壽命的延長，人口高齡化趨勢更加明顯，健康高齡化在應對高齡化挑戰的作用上就更大。高齡社會的問題多根源於年齡增長帶來的正常（生理性）衰老或病理性衰老。這些衰老使器官功能衰退，生活自理能力下降。健康高齡化就是要求盡可能排除病理性衰老，把器官功能受損和生活不能自理的時間，壓縮到生命最後一個很短的時期，甚至達到無疾而終。這樣縮短老年人傷殘期與需要他人護理時期，使老年人健康壽命和獨立生活壽命更長，老年人受歧視和與社會隔閡期縮短，使老年人整體的競爭力增強，維持良好的形象，人口高齡化對老年人帶來的消極影響大大降低。健康高齡化政策目標不僅涵蓋提供健康照護所需的設備設施及人力供應面向，並重視老年社會學研究以及老人生活教育的推動。

結語

　　二十一世紀初所將呈現的社會變動不僅是在資訊科學方面，也將是人類壽命增長。由於人口發展與經濟發展之間存在許多不確定的因素，人口發展與經濟發展的關係是錯綜複雜的，在不同的社會背景下應該有不同的

表現模式。臺灣的人口轉變表明，以節育為主要手段的計畫生育（家庭計畫）加速了人口轉變的步伐，由於人口轉變導致積極的人口結構變化，不僅帶來了充裕的勞動力資源供給，而且也有利於提高了儲蓄率，增加其內部資本供給。因此，人口轉變在特定階段將為經濟增長帶來了-一個獲得「人口紅利」的機會，臺灣充分利用了這一人口轉變帶來的歷史機遇加速發展。長壽問題已經影響、甚至會進一步改變工作、教育與休閒間的時間分配，年輕人與年老人間的財富分配，個人與團體對死亡的看法，簡單地說，影響到許多的社會價值觀以及政策取向。高齡人類是二十世紀的嶄新局面，必須結合相關知識及早規劃，以為「老有所尊，老有所安」的社會。

　　活躍老化的目的並不是希望其在將來的日子裡延緩退化或失能，而是努力盡心活在當下，享受晚年的時光，雖然身體器官的衰退為必然的結果，但仍要積極的過生活。因而要達到健康老化的目標，就應正視高齡者在日常生活上的需求，提供資源、機會和關懷，讓高齡者活得舒適而自在，這樣老年生活才有健康的可能性。

第六章　老年人的
社會需求

前言

　　健康的高齡社會並不是標新立異，它不是依據生產力的發展水準來劃分的社會類型，也不是依據物質生產方式來劃分的社會類型，而是依據人口的年齡結構類型來劃分，把老年人口達到一定數量界限稱為高齡社會，它是客觀存在的，它不是為體現「老吾老以及人之老」的大同社會而建置，也不是一種空想社會主義的「烏托邦」，而是經由科學的、經過長期努力能夠逐步實現的。

　　高齡化現象不僅為老年人所關心，更是今天的青年人在未來要面對的現實，因此是一個關係全局的重大社會議題。觀察瑞典及日本的高齡照護政策可以發現，都是在扶養比上升前，居家照護逐漸取代機構照護；且高齡照護服務從完全的社會福利轉向民營產業化。二十一世紀將是世界人口高齡化的一個世紀，在一九六一年，Cumming 和 Henry 發表有關老化的「老化：脫離社會的過程」（Cumming and Henry, 1961）。依照其中的觀點，高齡化過程是有系統地發生而且不可避免，是以，宜全面的了解高齡者的需求，以建構周全的高齡社會。

壹、健康高齡化的觀念

　　人口老化是已開發國家和開發中國家普遍的現象，以瑞典和法國在十九世紀後半期為最早老化的國家，而日本老化則主要發生在第二次世界大戰後，老化現象尚持續成長中。臺灣人口結構在數十年來也出現變化，包括低的出生率及人口老化等現象，與世界主要先進國家的人口發展趨勢相似。健康高齡化的觀念日益受到國際社會的關注，聯合國提出，將健康高齡化作為全球解決高齡現象的奮鬥目標。健康高齡化是指個人在進入老年期時在軀體、心理、智力、社會、經濟等多個方面的功能仍能保持良好狀態。一個國家或地區的老年人中若有較大的比例屬於健康高齡化，老年人的作用能夠充分發揮，高齡化的負面影響得到制約或緩解，則其高齡化過

程或現象就可算是健康的高齡化，或成功的高齡化。為實現健康高齡化，需要社會各方面協調一致的努力，也需要老年人的積極參與。

　　「老化」可概分成三種模式：第一，正常的老化；第二，成功的老化；第三，病理的老化。成功的老化過程為一種理想式的老化狀態，是在一個關懷老年人的社會結構下漸漸變老。成功老化包含：生活滿意、健康長壽、免於失能、生活穩健、意志積極、獨立功能、正向適應等。為瞭解人們如何看待老化，對照於我國傳統的老人建構，可以簡述如後：

表 6-1　傳統對老人建構

項目	內容
時序的論述	古籍對老年人的建構中，可顯示中國古代對年齡的重視程度，它是社會秩序的構成要素，諸如：《禮運‧大同篇》揭示的「老有所終」，能夠安養終老。
生物的論述	白髮、皺面、黑膚、倚杖構成了老人的生物圖像，「鶴髮童顏」則被視為老年異象。
心理的論述	形衰而智長，是以，制度層面有生命撤退的老年意象設計，《禮記》：「五十不從力政，六十不與服戎，七十不與賓客之事，八十齊喪之弗及也。」
社會的論述	以老為尊、以長為敬，《禮記》：「六十者三豆，七十者四豆，八十者五豆，九十者六豆，所以明養老也。」；《孟子》：「老而無妻曰鰥，老而無夫曰寡，老而無子曰獨。」一方面體制上備受尊崇、接受奉養，另一方面，生活描述中，老與殘卻是同一象徵符號，敬老、養老則是倫理系統建構的符號。

（資料來源：作者整理）

　　隨著時勢推移，人們對於健康的需求和期待融入高齡社會，借鑑社會活動理論的倡議，主張老年人若要維持較高的生活滿意度，需保持和成年人一般的活動程度，其鼓勵老年人積極參與一定程度的活動以減緩衰老過程。欲探討老人的社會參與和心理行為則必須先行探討老人心理與老化適應的過程。退休後的老年人除了個人身體健康的影響之外，仍然與中年人一樣，具有相同的心理傾向與社會需求。所以大部分的老年人都想保有原來的角色和社會地位，積極的參與社會活動。要享有健康的生活最重要的就是要

保持活動，並且試圖去尋回從前所渴望獲得的社會地位或社會角色，並發掘適當的活動來替代必須放棄的部分，以保持心理、社會的良好適應。

在老化相關理論中，視老化為一種過程而屬階段觀點，此階段不一定都要經歷過，而是因人而異。

表 6-2　老化階段簡表

項目	內容
預備期 （ready）	退休的年齡是生涯的一個明確的邊界限，凡快達到該界限的人，稍早就知道自己要退休了。有些人會如以往一樣，這可以算是以積極態度對待；有的則相反，極力否認離、退休這一事實。預備階段的態度和行為影響離退休後的適應。
蜜月期 （honey moon）	從繁忙的作用產生，此時，老年人常體會到一種無比輕鬆、愉快、自由的氣氛。這實質上是從高度緊張的工作中解脫出來的一種暫時性快樂。但這種甜蜜對大多數人而言是不太長久的。退休的時候，退休者預期以後空閒的日子增加，而可以不必看上司臉色以及趕著上下班的日子。這種蜜月期時間長短，是依退休者在退休前的準備工作是否妥當，如果是被強迫退休而不願退休者多不會有蜜月期。
清醒期 （disenchantment）	從規律的上下班生活，到整天無所事事的忙東忙西。在離、退休早期會體驗到一種解剖的幸福，但好景不長，生活習慣改變並且經濟來源開始縮減，對退休後的生活則開始改觀。如果無法適應生活及相信社會對近於無用的老年觀念之衝擊，個人對退休的生活容易產生抑鬱。
重組期 （reorientation）	人們很快就明白了，所有這些新活動，在價值上遠遠不及原來在職在位時大了，人們對他們的態度也開始改變了。如果調適得過來的人，則會在此階段從孤獨中解脫出來，重組新的社交圈和安排以後的生活。此時的社會支持系統，如家庭和朋友會占很大的協助角色。
穩定期 （stability）	當個人把未來生活重新安排後，新的生活、新的角色對他們提出了新的要求。會開始穩定的過日子，並把重點轉移到培養新的嗜好上面。面對現實的老人開始選擇自己作為老年人的生活基調，確立幾項備選角色，依據自己的情況，不斷採取適應性調整，直至建立起穩定的行為角色為止。
終結期 （termination）	他們開始認識到嚴峻的事實：「一個沒有預料到的沉默、孤獨的世界已降臨到他們的生活中來了」。疾病開始襲擊老年人，導致行動不便或面臨死亡的更多恐懼。

（資料來源：作者整理）

　　健康老化社會強調個體在社會中的角色，並不因年齡的增加而減少，只要在生理、心理上有能力，即能執行其角色任務。而且成年人經由社會角色的參與，能夠再次肯定並修正自我概念及價值感。

　　第一，社會為老年人所界定的生活方式，健康老化為一個可規範與計畫的目標，並非遙不可及的夢想。

　　第二，持續壯年的積極生活，經由教育和健康相關活動等來加強老年人潛能，而潛能的有限之處，可經由知識和科技來彌補。

　　第三，考慮人群的老化變異，且要鼓勵個人和社會的彈性，使一個人對自己現在的狀況與活動感到滿意，如果一個人在退休前的生活延續太少則會讓個人覺得難以生活，適當的安排則會使生活的變動步調與程度和個人偏好及社會要求一致，而足夠的創造來豐富生命的生活。

　　第四，一個人生活的幸福感與滿足感。是以，鼓勵老年人投身到健康生活型態，應考慮到以促進目標為導向做調整，但不失去自我。

　　老年人口的遽增，意謂著需求的激增，對健康醫療和社會福利服務體系的衝擊很大。面臨高齡化最好的方法就是保持與中年時期一樣的生活方式；透過不間斷的社會參與能使一個人獲得許多不同的社會地位以及社會角色，並且能使人實際參與各式各樣的社會活動。老人以各種方式貢獻社區，他們可能貢獻其家人、朋友、鄰里與社區。老人經常活躍於其地方社區，而且根據的是一種長期的地方感情。他們彼此支持生活於社區中的人，也經常是伴侶、身心障礙家人，甚或父母或兄弟姊妹的照顧者。許多老人也成為非營利組織的志工，雖然他們的人數通常不及中年志工，但他們卻較可能是高度投入的志工；花更多時間從事志願服務，或有較長的時間待在組織裡。有關戰後嬰兒潮世代的研究顯示：這群世代到了老年將有不同的需求、動機與期望。這將影響其擔任志工與從事社區活動，也造成不同的選擇與行動模式。更多的人會將其有給工作與志工和社區活動結合，在他們老年時，更彈性的選擇是需要的。因此，未來的老年社會不僅要考慮這些不同需求，也必須關注不同老年生活風格的體現。有些社會，對於老年人的身體健康促進及社會參與等方面，投入很多的心力。老年人所參與

的非正式社會角色愈多,便愈能減低因老化喪失許多義務性角色之後的沮喪。在社區裡,不論是在關懷據點、老人會及健康服務中心等,不定期地辦理健康講座、邀請長輩參與健康促進活動;在社會參與部分,更積極鼓勵屆臨退休者或是高齡者投入志願服務的行列,推動銀髮技藝傳承,使長者人力資源得以充分運用,能持續貢獻所長服務社會,更提供讓長者能持續與社會互動的機會。

貳、健康高齡化的需求

老化是一個人必經的過程,老化涵蓋了生理老化、心理老化、社會老化。老人健康和社會照顧需求的滿足會受到其個人經濟資源多寡的影響。生理上的老化理論必須符合以下四個前提:

表 6-3　生理上老化前提

項目	內容
普遍性	過程必須具有普遍性,各種生物體都必須經歷同樣的現象。
有害性	此過程的發生必須是有害的,造成生理功能的衰退。
漸進性	此過程必須是漸進的,也就是功能的喪失隨著時間而逐漸發生。
內因性	功能喪失必須是內因性的(自然發生),無法被有機體本身所矯治或更正。

(資料來源:作者整理)

健康的高齡社會必須以健康高齡化為前提,因為健康高齡化指的是人類的個體和群體,而社會則是人類生活的共同體,二者密切相聯但又有區別。人類組成社會首先是為了群體的生存和發展,提高生活品質和使人獲得全面發展始終是社會發展的終極目標。在這一目標中要求社會所有成員保持健康是個前提。提倡健康高齡化要求社會上占相當比例的老年人群體的絕大多數都是健康長壽。重點是壽命的品質並非簡單地滿足於壽命的長度。健康的高齡化強調的是老年人的健康,但這一要求實際上對全民健康提出更高的要求,因為沒有青少年的健康,就不可能有壯年人的健康,壯年不能

以健康的軀體進入老年，就談不上健康高齡化。健康高齡化就是以老年人的健康壽命為目標向全社會成員提出的健身、健心和承擔社會職能的要求。

老化是自然界必經的過程，且將隨時間進行而累積變化，所造成的問題與風險已是全面性的。健康老化指單純老化，沒有環境、疾病、生活型態的不良影響。老化不僅包含生理部分，尚且有心理及社會等。老人的社交、自我、角色的活動及參與社會的能力，是隨著實際年齡的增長而逐漸減弱。其認為老人社會角色的喪失是老化過程的必然結果。

「健康老化」政策目標被許多先進國家列為長期照護政策遵循的指標。根據世界衛生組織（WHO）對健康的定義：「是生理、心理及社會適應三個方面全部良好的一種狀況，而不僅僅是指沒有生病而已。」健康的感受通常與他的安適狀態與生活滿意度有關，自覺健康狀況良好的高齡者會比較快樂、滿意，並且參加較多社會活動，也不易感到緊張及孤獨。健康老化的生活調適是指一個人對壓力的反應方式，包括用來面對內在和外在突發事件的認知、情緒和行為反應。適應包括應付、目標設定、問題解決和其他企圖維持心理平衡等行為。依照個人所扮演之獨一無二的角色來取代社會角色，重新詮釋自我的意義，建立自我概念及自我價值。

在二十一世紀之人口老化問題，有許多不可預測的影響，因此要建構一個適合全體老人的社會。人口老化伴隨的安養照護問題已被許多先進國家列為重大政策議題，這些國家積極發展長期照護體系以滿足高齡者的照護需求，而讓老人留在社區中逐漸老化被認為是可維持老人獨立、自尊、

表 6-4　高齡者的生涯風險項目

項目	高齡生涯的衝擊	生涯風險內涵
生理老化	只隨時間演進導致身體功能的改變，如身體、消化、呼吸、神經等系統的退化。	疾病倍增風險、增加失能危機、收入減少、支出增加。
心理老化	指個體對整個老化過程的知覺，如人格、常見精神病狀、老人感覺及智能、記憶等。	消極的生活態度、獨立生活能力喪失、成為依賴人口。
社會老化	行為表現與年齡吻合，如社會角色及社會關係方面的改變。	世代衝擊、勞動人口下降、依賴人口上升等問題。

（資料來源：作者整理）

表 6-5　健康高齡化的主要內容

項目	內容
生理因素	對於健康可靠的評價不只是醫生對病人生理狀態診斷,還包括高齡者的自我感覺、觀察其行為以及生活環境。生活品質可以定義為一個人功能性的健康、勝任能力的感覺、日常生活功能的獨立以及對於個人社會滿意度的綜合。
心理因素	心理健康的人應該有四種特點:積極的自我觀念;恰當地認同他人;面對和接受現實;主觀經驗豐富可供取捨。
社會因素	老人的健康和社會照顧之需求會反映其對「能與家人團圓和樂」,「經濟來源無虞」,「住宅環境的安適」,當然老人生活之設計也須考量老人的身心特性;另老人的身心特性也可能是彼等使用大眾運輸系統的障礙。此外,老人的就業也與其身心狀況有關,且生活環境的設計亦需依老人的身心狀況作安排。

(資料來源:作者整理)

隱私及照顧品質的良好選擇。隨著時代的變遷,老人在家中的地位也有微妙的變化,他們開始注重「獨立」、「尊重」、「有決定權」、「有自由和隱私」的重要性。「老化」經驗本身也正在改變,較諸未來的老人,當前老人的需求與期望可能是不同的。

　　由於醫藥的進步,許多人可以從容地生存到老年,使老人們形成全人口結構中一個很大的社群,隨著人口數量之增加,他們的權益獲得了相當的增進。然而,老人們的工作成就卻受社會價值的貶抑,因為老人們無法抗拒現代社會的科技進步與功利主義思想。對於提升社會經濟與社區福祉而言,人口老化等於提供了另一種機會。這種機會不僅讓我們重新認識與瞭解老人對社會的可能貢獻,也為老人開啟另一道門,讓他們更有彈性的利用其時間與資源投入照顧家人與服務社區的工作。其實,高齡化社會的到來不純然是負面的、問題取向的,它也可能帶來正面的、積極的好處。

　　老年人社會角色變更主要是受到社會政治、經濟地位的變化所帶來的角色改變。老年人必須放棄以往的行為角色,重新建立新的行為角色。到一定年齡之後,老年人自然地要由社會的主宰者退居到社會的依賴者行列;從社會財富的創造者行列退居到社會財富的消費者行列。長者能朝向「退而不休,為而不爭」以為:有給工作、家庭成員、志願工作和照顧服

務者等各種方式來貢獻社會，並對社區與社會資本做出普遍貢獻，以突顯許多老人所扮演的重要角色，為迎接高齡社會也開始關注老人有給工作之外的貢獻。老人對國家經濟做出了實質的財政貢獻，同樣的，作為一種年齡世代，老人是透過在其自己家中、對其他家庭的其他成員，以及廣泛社區的非家庭成員花費時間在無給照顧上而對社會做出實質的貢獻。除了這些無給照顧的貢獻外，老人的進一步貢獻是採取無給的志願服務工作，以及透過物質資本的使用，而進行無給的貢獻。如果不是老人的無給工作，至少某些照顧供給的成本就必須由政府支出。倘若不是老人志工擔負這些功能，政府也必須以某種方式來承擔。因此，當我們考慮人口老化的直接財政成本時，除了老人的無給工作也應考慮進去外，發揮「多用保健，少用健保」。換言之，我們不僅關心老人的成本負擔，也需考慮老人無給工作所帶來的正面貢獻與節省成本。隨著老年人口規模的增加，他們貢獻的總值也將增加；譬如說，志願服務日益被認為是一種生產活動，而且可歸屬成一種經濟價值。

參、高齡者需求的滿足

從需求層面來看，在老化的過程中，追求沒有疾病的狀態顯然只是最基本的目標，必須同時保持活躍積極的心境，還要與人群、社會及環境維持良好而和諧的關係，並且以正向的態度堅持自尊與自主的意識。簡單來說，相較於無微不至的貼身照護，高齡者更期望「獨立」，能夠重回壯年時期的生活狀態，一方面擁有活動自如的能力，不受拘束地體驗生活，另一方面也能在綿密的人際網路中聯繫互動，與家人、親友共同分享彼此的喜怒哀樂。

健康老化，包括社會中的各種社會制度，例如經濟體制或醫療保健間的互動，因為它們用來滿足老人的需要。在現代的社會中，老人並非完全要依賴子女提供照顧，反而來成為成年子女的照顧者，提供協助、育兒的幫助。隨著世界性老人人口的增加，許多國家皆已注意到對老年人照顧與奉養問題的急迫。在傳統社會裡，照顧和奉養老人的責任係由家庭子孫負

表 6-6　長者需求的滿足

項目	內容
經濟需求照顧	經濟需求是最實際的需求，雖然老人家擁有足夠的積蓄，老年平順生活最基本的要素，就是有經濟的保障，會覺得自己的生活過得比較安穩。
健康需求照顧	因老化而身體機能退化，也是老年父母期待子女可以隨侍在旁的主要因素之一。
情感需求關懷	情感需求的關懷常常被子女忽略，但對老年父母而言卻是最重要的需求之一。對老年人而言，最害怕的不是死亡，而是孤單的感受。

（資料來源：作者整理）

擔。在工業社會裡，傳統的倫理無法採納遵行，因此產生老人社會生活的危機。當老人愈能處理個人的生活，他們對生活的滿意度也愈高。

　　面對未來勞動力的缺口，亟宜有計畫的鼓勵高齡者重回市場，一則填補缺口，二則使高齡者仍能發揮餘光餘熱，對社會持續貢獻，展現生命的價值，就是高齡者所樂於從事的工作。故高齡者重回勞動市場，正是創造社會雙贏的行動策略。源自於十九世紀的奎特雷（Quetelet）起，便有不認老化是停滯或是倒退，反而是老化是一種發展的過程。成功老年常常牽涉到老化心理學之討論，其心理學理論有三大要點值得我們探討：

表 6-7　成功老化

項目	內容
自我概念 （Self Concept）	包括自我認知、人格特點，以及兩者對個人行為之影響。
社會關係 （Social Relationship）	包括人際關係，以及別人對自己的知覺與看法。
思考過程 （Thinking Process）	包括了個人記憶、解決問題之能力，以及其他認知功能。

（資料來源：作者整理）

　　某些自我概念與社會關係會隨著年齡變遷，因為退休轉業、生活改變、失去配偶等等情況，都會引起不同之壓力指示，而改變自我概念與人際關係，但是最具體的年齡或老年有關的變遷，即為認知功能的變遷。

　　人口老化指整體人口比例中，老年人口所增加的比例。高齡人口數增加的原因如下：環境衛生改善、醫療服務、免疫能力增加、營養改善。大多數國家，人口老化以出生率決定、次之取決於死亡率。當環境衛生和營養改善、醫療技術與免疫能力增加，將降低死亡率，這群新生人口隨著年齡增長，原本在金字塔底部，隨著時間遞嬗的年日增加及整體環境改善，日後這群人口將在類矩形金字塔或胖金字塔頂部。高齡人口增加下的重大需求：社會安全體系、政府補助的醫療保健計畫、年金計畫。

　　為了推展健康社會，根據政府推動的「長期照護十年計畫」，在二〇一五年包括「機構式照顧」與「社區式照顧」所需的人力，總共高達二十五萬五千人。在「老人健康與社會照護」團隊中，主要包括的專業人員有醫師、護理師、社工師、職能治療師、物理治療師、營養師等，健康促進的概念可以區分為三階段的預防作為：

表 6-8　健康促進觀念以促進成功老化

項目	內容
初段預防	區分為：促進健康及特殊保護兩級。
次段預防	區分為：早期發現（診斷）、早期治療（疾病控制）。
三段預防	區分為：限制蔓延（殘障）、恢復常態（復健）。

（資料來源：作者整理）

　　老年人醫療費用日益成為社會沉重的負擔，從微觀來看，因病致貧、因病返貧的現象屢見不鮮，相比之下健康原因對老年人生活品質的影響常常大於收入。因為到高齡社會大多數都能達到高齡界限，表明生活水準已不是一種絕對貧困狀態。這就是為什麼在高齡社會老年人的保健需要常常比收入需要更重要。如果收入需要很迫切，那是屬於「扶貧」要解決的問題，常常不是由於增齡產生的。老年收入保障是指進入老年後由於增齡造成收入短缺的問題。退休金規劃的三支柱：第一，政府政策；第二，企業退休金；第三，個人提存。政府政策是最基本維生水準，如：二〇〇八年十月一日起一連串實施國民年金、勞保年金、公保年金及軍保等退休金制

度;企業退休金如勞基法或勞工退休金是為企業提撥經費準備未來員工退休基本生活;個人提存是個人額外提存的儲蓄或投資,讓退休生活更富裕,達成優質退休生活目標。應準備退休金可考慮以下幾點因素:

表 6-9　準備退休金可考慮以下幾點因素

項目	內容
家庭責任	如奉養父母、配偶及年幼子女生活及教育費用。
負債狀況	個人或家庭需要清償的債務,如房屋貸款、分期付款、信用卡款或其他借款。
生活費用	居住地區屬城市或郊區生活費用不同。
收入來源	持續有全職或半職工作收入或國民年金、勞工退休金、軍公教人員退休俸、商業生存保險金或年金保險給付。
健康狀況	是否需要支付定期醫療費用或保健食品。
通貨膨脹	物價若持續上漲會導致購買力下降,侵蝕退休收入購買力也應考慮。
其他因素	緊急預備金、喪葬費用或其他。

(資料來源:作者整理)

由於我國高齡化情況明顯,高齡化加速的發展趨勢,是以我國人口高齡化趨勢將面臨兩個主要挑戰:

第一,是勞動力縮減對經濟成長的影響,將進而影響年金給付及導致財政的失衡。

第二,是勞動力縮減導致照護需求將超過照護者的供給,對需照護老人形成影響。

兩個角度可以說明此現象:

第一,效益面,「在地安養」(Aging in place)是大部分高齡者最理想的照護方式。

第二,成本面,當需照護的高齡者越來越多,居家照護不比機構照護所需成本高。

從福利先進的經驗來看,民營化會因市場競爭而提升照護服務之經營效率。因此,宜逐步完善居家照護服務體系;且考量國家財政,應建置並完善長期照護保險及產業化的可能,並結合資通訊產業的力量。因此,決

策者必須格外重視並積極採取因應措施。參酌福利先進國家於健康照護體系借鏡之處，依據健康照護需求擬定服務目標，進而培訓人力，並拓展跨專業團隊工作模式。

表 6-10　高齡者健康照護體系借鏡之處

項目	內容	實例
以在地老化為目標	「在地老化」目標不僅是國際潮流，亦與傳統的照顧模式十分契合，透過社區及居家式支持方案，一方面可讓老人繼續留在社區中，另一方面亦可減輕家庭照顧者的負擔。這可作為向來強調家庭照顧體系之我國具體參考。	日本提出的黃金系列計畫，可謂遵循「在地老化」原則而規劃的具體方案，政策目標即宣示建構一個讓身心障礙高齡者也能保有尊嚴且自立的高齡社會，並推動多元的社區及居家式支持方案以落實上述理念；構思服務亦朝小型化社區化發展，老人即使是住進機構，也可以還留在自己的社區裡，至少還能達到就近老化的修正目標。
發展多元居家方案	係以居家服務方案為基礎，配合跨專業團隊的介入，且隨照護需求的變遷彈性調整服務目標。惟，多元社區服務方案的提供有賴基礎設施設備的充實及專業、半專業人力的培訓。	日本積極發展各項居家服務方案，譬如「新黃金計畫」時期開始推展二十四小時巡邏型的居家服務員巡邏措施，支援社區內重度身心障礙老人的生活自理能力；而公共介護保險的給付項目亦涵蓋豐富且多元的社區式及居家式服務。
建立照顧管理制度	照顧管理制度一向被視為服務整合的有效工作，因為其可透過照顧管理者協助個案擬定與執行照顧計畫而達到上述目標；而在服務體系層次上，個案管理者的主要職責則為資源的分配和控制。	日本公共介護保險的特色之一即是由照顧經理先行評估個案的照顧需求，並協助老人及照顧者擬定照顧計畫，提供適切的照護服務，以達到資源的統籌與最佳分配。
著重預防保健措施	滿足長期照護需求是高齡化社會不可規避的重要課題，但除了從特別針對失能的狀態解決問題外，為防範需要照護狀態的發生，與改善需要長期照護的狀態，亦應著重預防保健與復健服務的優先性。	日本不僅針對高齡者發展綜合性的疾病管理策略，並且建立地區性的復健醫療體系；亦透過老人參與等相關方案來建立高齡者對生活的正面態度。從長期照護財務的觀點而言，顯然是控制照護成本的有效策略之一。

結合社區 資源方案	為延長老人居住在社區中的時間，實有必要建立一能滿足身心障礙老人的住宅環境，如荷蘭及北歐國家皆採取以個案為中心的取向，強調維持老人獨立及自我照顧環境的重要性，並積極整合當地社區資源來延長老人留在自己家中的時間。	日本於「新黃金計畫」時期即推動住宅對策及社區總體營造等相關方案。而，公共介護保險一方面將生活輔具及住家修繕納入社區式服務給付項目，另一方面融入照護團隊服務到家的措施，積極營造對老人友善的無障礙環境，以有效延長老人留在原來住宅的時間，此項融合住宅與照護的策略是我國可資借鏡的服務發展原則。
照顧服務 的民營化	在福利多元主義的發展趨勢下，「混合式經濟的照顧」，是加重家庭、志願部門和營利部門的貢獻。	歐洲老人社會照顧政策的方向，在俱增的需求和有限的國家資源下，也逐漸採用福利多元主義的政策，因此政府與民間的關係是重要課題。

（資料來源：作者整理）

　　我國目前人口正飛快老化之中，未來對長期照護資源的需求也將勢必急遽成長。為了落實上述「在地老化」理念，日本照護體系已有多年歷史，足供我國建設健康高齡化社會的參酌，以為落實高齡化社會的來臨。

肆、高齡社區照護作為

　　高齡者對健康的定義是：能夠掌控自己的生活，達到生理、心理與社會層面的健康，並且與環境處於和諧狀態。我國從一九九三年開始進入人口高齡化國家，而未來高齡人口比例超過百分之十四時，臺灣將進一步成為高齡社會。人口老化的最大問題是高齡人口以及慢性病健康照護需求的增加，傳統父系社會，照顧老年父母的責任在兒子和媳婦的身上，但由於兩性平等的推動、少子女化與生命期延長，已婚的兒子或女兒都有奉養老年父母的職責。老年人，特別是其中失能的老人，常有非常複雜的需求，所需要的服務常是全面性，包括不同機構、不同專業及不同補助方式。

　　老年人必須持續面對個人和家人疾病、老化引起的感覺和生理功能惡化，以及心理社會環境改變對安適狀態的挑戰。協助長者認識到人生的過

程，經由生命教育應提供各宗教、哲學對於生命的意義、歷程、價值的多元思考方向，幫助長者發展出對生命與死亡的正向看法，將死亡視為生命正常的終點，對自己的生命能有豁達的看法。

表 6-11　成年子女的照顧壓力與因應

項目	內容
生理壓力	照顧者可能有體力不支、疲倦、身體疼痛……等狀況，影響照顧者的身體健康。
心理壓力	長期的照顧，引起心情和情緒的影響，有憂鬱、焦慮、生氣等現象。
經濟壓力	申請外勞／看護照顧或是送機構照顧，是不得已的，然而相對多出了一筆必要的支出，造成家庭經濟壓力。
家庭壓力	照顧失能長者是要高度投入的繁瑣工作，時間、體力、精力及情緒上均受極大的影響，家中因照顧方式認知不同，因而產生歧見，會增加家中成員的衝突。

（資料來源：作者整理）

生命教育應注重對老人期的探討、臨終關懷、醫學上的觀點、哀傷輔導、生命的本質、死亡的社會問題探討；可結合宗教、哲學教育來實施生命教育，使老人瞭解「來生」、「死後」以及超越人生的修養方式；也可透過養生保健教育來實施生命教育，經由老人較感興趣的保健養護課程談論有關生命的課題。

表 6-12　喪偶的調適壓力與因應

項目	內容
發揮社會網絡的功能	社會網絡如可發揮功能，可達到直接紓解與間接緩衝的效果，保護喪偶老人面對人生轉折。
運用家庭網絡的力量	家族網絡包含在社會網絡中，包含血親（父母、子女、手足）與姻親（公婆、媳婦）。
轉移注意力	保持生活的忙碌如培養新興趣、結交新朋友、進修……，獲得成就感。
嘗試嶄新的生活方式	改變生活的環境，嘗試新的生活方式，重新找生活樂趣，恢復自己的信心和生存意志。
重新建立自我的價值	化被動為主動，喪偶老人不只是接受支持的一方，也是提供服務的一方，透過勞務或經驗的提供形成互惠的支持關係，有助了解喪偶老人生活適應。

尋求抒發心情的方法	自我調整有困難時，或專業人員的協助可以求助心理諮詢和心理治療，預防心理疾病的發生。
建立正確的生活觀念	協助改變信念，老年期屬「統整 vs.絕望」的階段，雖然逝者已矣，來者可追，更應好好珍惜和把握當下。

（資料來源：作者整理）

　　「社區化長期照護」或稱「社區化長期照顧」，乃是依社區需求，規劃、整合、運用社區資源，提供社區中民眾所需之長期照護服務。長期照護服務對象為殘障、失能或老衰者及其家庭照顧者。服務內容包含生活照顧、醫療（診斷、預防與治療）、護理、復健與社會支持等。故「社區化長期照護」所應提供之照顧方式包含：

表 6-13　社區化長期照護

項目	內容
在宅服務	提供個人日常生活照顧及活動協助，如：協助沐浴、更衣、梳洗、如廁、移位、準備餐食、餵食、購物、打掃、清洗衣物、文書服務（如讀書報、郵件處理等）、處理財務等。
居家護理	由醫師、護理人員或其他醫事人員到病患居所提供醫療、護理、復健等專業性、技術性服務。
日間照護	在日間以群體方式，提供生活照顧、醫療、護理、復健及休閒等服務，晚上返回居所。
暫托服務	家庭照顧者因故需暫停照顧工作時，提供臨時或短期托顧服務。
機構收住	社區小型機構收住式服務（例如：護理之家、社區家園）：提供當地區民二十四小時住宿、醫療、護理、復健及生活照顧等綜合性服務。其設置需便於家人探視，小而溫馨，「似家的感覺」，且能與社區保持互動，社區對其有認同感。
輔助服務	送餐服務、交通接送、陪同服務、問安電話、親職教育、緊急救援服務、生活輔助器材、居家環境改造、休閒及法律、醫療、心理諮詢服務、安寧照顧及保護服務等。

（資料來源：作者整理）

　　人想要達到心靈健康的高境界的確不易，尤其是已屆老年階段，除非其先前已達某一境況，否則欲達至高境界更是不易。但是，藉由對老人靈

性需求層次的認知與體會，進而對老人靈性的妥善照護，最起碼可維護老人基本上的心靈健康。

同時，可以想像的是，未來智慧家庭（Smart Home）將成為新趨勢，智慧家電時代也離我們不遠，屆時可以用來感測、處理、通訊的人機介面將無所不在，也將使得銀髮族的實體世界，將會更進一步虛實整合。如何降低家人照護重擔的創新方案與支援體系就相對重要。因此未來的創新思維，需要透過了解各地需求，進行適地化解決方案，才能夠貼近市場。當偵測到有任何健康異常狀況時，虛實整合的醫療將會隨時提出進一步的建議與治療，運用科技技術，發展適地化的健康照護產業，並加快服務創新的速度，協助高齡族群生活獨立的解決方案。

結語

老年社會學所致力的是人口老化的原因和後果，兼及研究人群與個體的老化問題。就生命全程觀點而言，老年期是人生持續發展中的一個階段，其思想、情感、思念與行為，往往是由一個人獨特的人格特質彰顯出來。老年時期新的角色和新的環境對老人的日常生活都會產生重大改變，老人們需重新適應。有效運用社會資源，在生活中保有自尊，這是社會未來重大的挑戰。

隨著高齡化社會，老年人應注意生理健康，保持心理健康，以增強社會適應能力。而社會應積極朝向應用健康照護產業的科技，主要考量面向，包括銀髮族的行動、營養、社交、生活等，拓展包括：具備感知（sensing）、推論（reasoning）、行動（acting）、互動（interacting）、可溝通（communicating）等功能；其中最具商品化、普及化潛力的行動輔具、支援機器人、虛擬環境（virtual environment）設備、室內偵測感應器、自動駕駛汽車等。整合感測網路，追蹤使用者的位置、行動、行為，並蒐集飲食與睡眠習慣與型態，與訪客互動的情形，以協助銀髮族自理生活，提升其健康與認知能力。

第七章　高齡化與
　　　健康老化

前言

由於持續的低生育率、少子化,加上國人平均壽命的延長,預估二〇一八年,臺灣六十五歲以上老年人口比率將達百分之十四點三六,正式邁入國際慣稱的「高齡社會」;到了二〇二六年,臺灣將走入「超高齡社會」,老年人口比率達百分之二十點六三。老年社會學的共同研究對象是所有人類老化問題,其所致力的是人口老化原因、後果,以及人群與個體老化問題。老年為一個整體生命過程之一個階段而已,後期的生命過程係由前期的生命過程所影響。這門學科還處於開發階段,從各種不同組成學科借用方法是有利於智識的拓展。

壹、老人對健康促進的需求

世界衛生組織(WHO)於一九五八年將健康定義為生理、心理和社會的安康狀態(well-being),而不只是沒有疾病而已。二十世紀八〇年代 Fries(1983)提出的疾病壓縮理論(compression of morbidity)主張對老人所需的健康促進與疾病預防需求加以重視,以預防或延緩老人身心功能的退化,減少長期醫護的需求,控制節節升高的醫療照護經費。

社會是人類群體生活的共同體。高齡社會是從人口年齡結構的角度來劃分,把達到老年型人口定義為高齡社會。高齡社會最根本的一個特點,就是老年人這個群體大,而且不斷增大,愈來愈高齡化,即人口日益高齡化,在高齡社會裡社會的結構和功能也要求隨之有所變化。首先宏觀上人類社會的政治、經濟、社會、文化各領域的結構和運行要受龐大的老年群體的影響;其次,在社會群體,從國家、企業、社會團體到家庭都必然要考慮老年人口日益增多和老年各種社會團體存在的新的人際和社會關係。此外,各種社會功能諸如保障功能、協調功能、控制功能、組織功能、生產功能、繼承功能和導向功能等等都要把為數眾多的老年群體放在整體利益和老年人的特殊需要之間規劃、協調並落實好。

　　隨著邁向高齡化社會，健康保健成為老人最為迫切與普及的需求，根據生理的變化，老年人口是健康狀況最複雜者。在先進國家中，除了提供醫療服務和長期照顧外，還包括預防保健和健康促進，成為老年社會的重要課題。健康促進旨在使個人增強與掌控自身健康的能力，提升其生活品質，而介入的做法包括改變個人的健康行為，例如：飲食與運動、創造健康的環境、以及改變對健康的文化態度與期望。健康的高齡社會所追求的目標，是將長者對生理健全、心理踏實和社會參與的健康期待應用到社會和文化上，著重是合理的社會結構和社會功能的良性運行，使高齡社會仍能充滿活力，各代人和諧相處、優勢互補，實現良性的社會繼承和世代交替，各代人各得其所，促進社會進步和全面發展。因此健康的高齡社會並不是指老年人社會，也不是老年人的福利社會；是指從整個社會著眼，能自覺適應並能提高因應人口高齡化需求的社會。

表 7-1　高齡者老化的型態

面向	內容
自然老化 （chronological aging）	人自出生後一直進行的老化過程，每個年齡段老化的性質都不相同，會隨著身體、飲食、作息時間、環境等因素變化而變化，老化會從細胞至組織至器官，使人體產生結構及功能的持續衰退。如：高齡者膝蓋出現退化性關節炎，使走路開始不方便。
生物老化 （biological aging）	指的是物理上的改變，減低了器官系統的使用效率。如肺臟、心臟及循環系統。是一種隨著有機體自然老化，細胞繁殖數會減少，又稱功能性老化（functional aging）。
心理老化 （psychological aging）	包含感官和知覺過程的變化、心理功能的變化（如記憶力、學習能力及智慧）、適應力的變化及人格的變化。因此，一個人若是心智上還很活潑（intellectually active），也很能適應環境，就可說他心理上還很年輕。
社會老化 （social aging）	指的是個人的角色以及與他人的關係，在以下幾種情況下的轉變：家人和朋友間、有酬及無酬的生產角色內以及各種組織內，如宗教和政治團體。人的自然年齡、生物年齡或心理年齡若老化，則社會角色和社會關係也會隨之改變。

（資料來源：作者整理）

老年人口的老化經驗與社會結果之交互影響，社會環境（social context）會隨著不同的人有相當程度的變化；個人老化的定義，以及老化經驗是正面或負面，多是受到社會環境的影響。環境並非停滯不前，而是一直在變動，而老一輩的人從中取得所需、把握所有並調適自我。調適是一種雙重的過程，個人要適應社會及自然環境；而調適也會對別人造成影響。

社會中有許多健康老化的高齡者，這些高齡者多同意「要活就要動」的理念，因此，要營造出一個「充實的高齡者生活」，儘管個體可能會隨著年齡的增加而伴隨著活動機能或資源的喪失，但通常他們都還是會找其他替代者來遞補（如：使用輔具或是服用相關保健用品）。因此，高齡者的社會角色若具有其功能，則這也是能提升其生活滿意度的主要原因。通常老化狀況愈好的人，則會盡可能的維持各種活動，並且對角色的喪失尋找適當的替代。高齡者能積極促成健康的生活，選擇及安排適合自己的休閒活動，將可促進以下幾項健康的狀態：

表 7-2　高齡者生活的風險

面向	內容
正向情緒	營造良好及正向的情緒狀態、適時的紓解生活壓力及增加生活情趣。
人際互動	擴大人際關係，密實社會網絡，增進與他人的人際互動與溝通。
提升心靈	提升心靈或精神層次，增進及滿足新知的學習欲求，進而也能激發個人的創造力及潛能，創造出自我表現的突破。
尋求價值	重新調整生活重心、重塑個人社會角色的定位，以及尋求自我存在的價值。
自我實現	肯定自我，邁向自我實現的境界。

（資料來源：作者整理）

俗話說「選擇您所愛的、愛您所選擇的」，如果我們能多多鼓勵高齡者自行選擇及安排適當的活動，就能營造出一個「成功的高齡者生活」。老人社會服務比較偏於貢獻社會的服務，像是當志願服務的義工，參與志願服務工作的老人，不但是貢獻者，也是受益者，因為這樣能消磨時間也能促進人際關係，也可以手腳並用使頭腦不老化。

　　當一個人老邁了，他不能夠滿足社會對他的期望與要求時，他就被認為面臨社會適應問題，他的社會角色跟著產生變化而失去應有的功能。在行為科學與社會科學方面，老化理論來自許多不同之學術領域包括了社會學、心理學、社會心理學以及文化人類學等學科，將所收集之研究資料加以系統化。試圖建立一套周延的理論架構及理論模型。

　　早期的高出生率、高死亡率已漸進到目前的低出生率、低死亡率。伴隨臺灣經濟奇蹟而來的是人口變遷，雖然高齡化現象在先進國家早就普遍存在，然而為了因應以上趨勢產生的問題，因此無論是經濟、醫療及家庭，或者是老人的居家生活、休閒、安養護及社會適應等，都需政府、家庭或所有的社會大眾投入相當心力，人口老化意味未來臺灣將是勞動人口變少、退休人口變多的狀況，到時候扶養比變重，使得壯年人口壓力變大，本身的健康如果沒照顧好，會影響個人及家庭的生活品質。為了高齡化社會我們應做好相應的準備。首先是透過獎勵生育、低利貸款、租稅優惠等政策提升生育率，並且儘速培育照護老人的醫護人力、以老化指數多興建老人安養機構、落實老人居家護理、建立老人服務、普及老人衛生保健知識，經由周延的老人福利措施，讓老人能有個很好的生活環境。

　　在老年人口遽增的時代裡，老人照顧的重要性值得重視，聯合國認定健康促進與老人福祉被視為老人的迫切性與普及性的社會議題。二〇〇二年世界衛生組織發起全球基層健康照護強化運動，希望藉由持續可近的照護以增進老人的健康。此一照顧理念也增廣老人照顧服務的發展向度，在老人保健中，除了原有的醫療保健與長期照護外，還包括預防保健和健康促進（health promotion）。面對高齡社會的到來，在保健資訊的學習機制、學習方式、學習內容上均應有新的思維，包括：鼓勵學校加入高齡學習推動的行列、建立結構完整的學習制度（如學位學程、學分學程制等）以及發展網路學習等，尤其在內容上應包括概念性、知識性、運動性及休閒性等多種領域，而非侷限於傳統的休閒娛樂性、養生保健等層面，才能迎對高齡者的學習需求。

貳、老化對老人保健的影響

世界人口不斷老化，老人不僅是個國家議題，也是個十分重要的世界議題，聯合國宣布一九九九年是「國際老人年（International Year of Older Persons, IYOP）」。老化理論對老人保健的影響係多方面的；在個人、家庭、社區、社會、企業、政府，所形成的社會福利政策、醫療保健制度、人口政策與勞動政策以及學術研究等等均會受到巨大影響。人們如何形成自我概念係為多方面的，包括了人格、自尊、形象、健康以及社會角色、自我概念與年齡的變遷。老年人養生保健之道，包含身體、心理、社會與心靈等層面。臺灣人口加速老化，趨勢已相當明顯，老人保健成為社會所關注的議題，並且也對老人的生活造成多方面的影響。因此，提供老人所需要的健康服務，以協助他們達到最佳的健康狀態，成為高齡社會努力的方向。其健康促進目標為：

表 7-3　高齡者健康促進目標

面向	目標	內容
健康老化	不失能要有活力	改善並增加老人的獨立功能，鼓勵多參與活動以增加活力，加強常見症狀如頭暈、疼痛等的控制，增加身體上的舒適性。
正向老化	不憂鬱要能快樂	注重保健並注意安全以預防疾病、傷害等；早期篩檢嚴重疾病；治療疾病尤其是慢性病控制。
積極老化	不依賴要有尊嚴	增加健康照護知識，學習能捨則捨的胸襟，以增加身體情緒的可忍受性和彈性；強調增進記憶反應能力、說理能力和處理問題能力的重要性。
成功老化	不恐懼要有智慧	以目標為取向的健康照護；保持並改善認知功能；減少焦慮、憂鬱。

（資料來源：作者整理）

健康被視為多層面及正向的概念，而不僅只是缺乏疾病就可算是健康，健康對老人生活頗具影響，因此提供老人所需要的健康服務，以協助他們達到最佳的健康狀態，進而獲得良好的生活品質。依據每個人特質不同，從多元化的策略中選擇最佳的（optimal）的老化方式，藉由健康老化目標來促進

老年人能順應晚年生活，也成為積極提升老年人整體生活品質及安適狀態之展現。依照多面向的健康老化指標，老年人除生理健康（沒有疾病和失能）外，亦需維持心理健康和認知功能正常，並需積極參與社會及具備良好的人際關係。健康照護體系應考慮老人真正的需求，包括老人對健康的定義，以期能發揮健康照護之最大效益，提供以老人為中心的照護，協助他們能達到成功的老化，並擁有舒適安康的晚年。促進健康老化過程的策略如下：

表 7-4　高齡者促進健康老化過程的策略

項目	內容
增進生活品質	維持生活的角色和功能以增加個人的尊嚴；改善家庭與社會關係，提倡敬老尊賢的風氣；為退休後的生活準備，增加財務資源；培養個人興趣，增加快樂健康生活享受。
經濟獨立能力	必須預先規劃財務，尤其是有關養老基金的儲蓄；重視家庭生活，加入志工行列，利己助人，以身示範，以加強家庭和社會支持。
增進學習成長	鼓勵參與成長團體，瞭解和接受自己，不強求不執著；能夠發揮生命智慧，保持內心安詳平靜，接受並提早做死亡準備。
改善臨終品質	協助對病危老人溝通，肯定其生命的意義和價值並促進其心願之達成；瞭解照護者的價值觀，選擇適合的照護者；對家人接受死亡的準備；協助執行法律和財務的計畫。
增進參與能力	教導學習使用團隊合作，告知家屬有關病人生命意義、個人喜好和生前遺願之完成。
改善健康照護	面對結構功能改變的挑戰，教育鼓勵支持家屬和照護者，允諾家屬和照護者的健康照護。

（資料來源：作者整理）

隨著老年人口激增及其所帶來的相關問題，老人健康照護已日漸受到重視。伴隨著年齡的增加，老人可能經歷有關身、心及社會地位的改變、配偶的死亡、健康的衰退、工作及角色的改變等等，以致可能引起各方面的連鎖反應。自老人保健作為，對於老人族群的社會結構、社會角色、社會功能與社會期待的瞭解，對於老人社會活動的分析，可以提供老人社會政策、社會福利、醫療保健、社會安全、勞動政策與人口政策的研究分析與實際之操作運用，以提升全體老人族群的生活品質與保健水準。

　　人體結構及功能隨時間進行而累積的變化，稱之為「老化（aging）」，它是一種正常但不可逆的持續性過程。正常的老化並不是疾病，但老化造成身體很多功能的改變，因而產生某種程度的障礙。老人雖然面臨生理、健康狀況的改變，但與中年期一樣，有活動的心理性和社會性需求，並主張高度的活動可為老人帶來滿意的生活。活動和生活滿足感之間為正相關，成功老化是盡量做得像中年人。老人放棄了他們從前的角色時，會感到失落、被排除、自尊消失等，此論述幫助老年人成功的適應，以達成成功老化。高齡者生活保健內涵：

表 7-5　高齡者生活保健

項目	內容
精神衛生	老年人要熱愛生活，情緒樂觀，待人接物應豁達大度，說話行事要光明磊落，想得開，少生氣。
飲食有節	食品必須是容易消化、富於營養的。除五穀雜糧之外，牛奶、雞蛋、豆漿等既有營養，又便於食用；新鮮蔬菜、水果含有多種維生素，不可缺少。飲食宜清淡，避免辛辣刺激，多飲茶水；要有規律，不吃零食、不偏食；戒菸、忌酒。
保證睡眠	每天至少八小時。白天應有適當的休息，要睡好午覺；感到疲倦時便可打個盹。臥室須通風、潔淨，溫度適宜，光線應暗一些。長期失眠者，可在醫生指導下，服用適量的安眠藥。
口腔衛生	早晚和飯後須刷牙或漱口，保持口腔清潔。有了牙病，應及時請醫生診治。
排泄通暢	每天一次排便，最好是在早晨。有些老年人經常頭昏煩躁或周身不適，究其原因，往往是大便祕結所致。多進食新鮮蔬菜、水果和多纖維素食品，能使排便通暢。切記不要隨意採用瀉藥。
動靜結合	老年人退、離休後，應每天堅持戶外運動。但運動量要適度，不宜太劇烈，以散步、慢跑、打太極拳、練氣功為好。同時，亦要有靜坐靜臥的時間，特別是在疲勞後，更應安靜休息。
洗澡更衣	每天最好一次，穿衣要舒適、寬暢，要注意氣候及室內外溫度的變化。
適度體重	步入中年，有人便開始「發福」。在男性，脂肪多沉積在腹部；在女性，脂肪多沉積在乳房、臀部和大腿上部。一般來說，超過標準體重百分之二十以上時稱為肥胖。肥胖的最大危害是它會帶來許多老年性疾病。另外，老年人體重超重還會增加脊柱和關節的負擔；容易發生背痛、關節炎和關節變形等。保持適度體重的理想辦法是：控制飲食和體育鍛鍊。

防傳染病	由於機能衰退，老年人的抵抗力下降，因此極易患傳染病，須做好預防。要堅持好的衛生習慣，不用公用茶杯和毛巾。
正確體態	應自然地使胸脯前挺，腹部內收，這樣可以避免和克服老年人的彎腰、駝背現象。

（資料來源：作者整理）

　　老人對於自己的健康應有自主權和責任，健康專業人員應讓老人自己決定健康對他們的意義，是以應提高老人的健康知識和健康照護的自我決定權，此即一種賦予權能（empower）的過程，包括辨識、促進及加強個案滿足自我需求、解決問題和運用必要的資源控制自己生活的能力。老化現象為老年社會學、老人社會工作、老人護理、老人醫學與老人保健等領域所關注，經由系統探討以應用於老人保健服務、老人社會工作或老人照護工作等專業服務，以期嘉惠於老人族群的生活品質。

參、防止高齡者生活的風險

　　人體老化的現象包括：心肺功能降低，腎臟及膀胱功能降低，消化系統運作速度隨之減慢，肌肉耐受力變差，性荷爾蒙分泌減少，生殖系統功能減少及性徵改變，神經系統全面衰化，肌力下降，骨質密度減少，關節穩定性及靈活度變差。在心理上，知覺、記憶、認知、思考、情緒、學習動機等能力與人格的改變等均受影響。在社會方面，因老人的社會角色、地位、權勢與義務皆隨其生理、心理的改變，或社會結構及制度改變而有所改變。老人要逐漸縮小他們適應能力之範圍，選擇日常生活最有用之適應技巧來因應老年生活，這種選擇方式就是他們最熟悉，也最可接受的技巧。認知功能損失程度與速度，將影響老人之晚年生活是否「活得有意義，活得有尊嚴」。

　　人體的這種特性體現在老年人身上便是疾病的混合性或多重性；體現在老年殘疾人身上，就是老年殘疾的多重性，因為混合性疾病會造成組織和器官功能的多重障礙，又可能導致老年人多重殘疾。其次，是因為與退

休前豐富的生活相比較，老年殘疾人的社會參與率明顯降低。羅伯特・哈威格斯特（R. Havighurst）的活動理論認為，老年人只有積極參與社會，才能重新認識自我，保持生命的活力。因為積極參與社會活動是老年人調適衰老的重要方式，可以實現精神寄託、減少孤獨感、增進老年人身體健康。這些由衰老造成的社會互動中斷、社會參與的降低等消極變化會直接影響

表 7-6　影響高齡者生活風險的因素

面向	內容
自然衰老致殘	衰老是人類社會無法抗拒的自然風險，是每個人繞不過去的現象。隨著向高齡的邁進，人的組織器官功能的退行性變化加速，必然導致整體水準構成成分的衰老變化和生理功能的下降加速，神經系統、心血管系統、感覺器官以及泌尿等系統的結構和功能變化均可造成部分組織器官的功能不正常或喪失，從而導致老年人喪失部分或全部正常活動能力，如腦心血管病、老人骨關節病、白內障等。
功能障礙多重	人類不但不能抗拒人體的衰老趨勢，也不能抗拒人體部分器官的同時老化或功能的同時衰退，因為人體是一個複雜又嚴密的有機系統，一個器官功能的不正常都會引起相關器官或組織的運行不暢，進而引起更多器官或組織發揮正常的功能。老年人是慢性病的高發人群，而慢性病主要損害腦、心、腎等重要臟器，易造成傷殘。
心理異常脆弱	老年期是人生的喪失期，不僅會失掉金錢，還會喪失配偶，更重要的還會喪失健康，所以，老人是悲觀的，心理異常脆弱，常常發呆、健忘、情緒失控，對疾病和死亡有恐懼感。這首先是因為，隨著年齡的增大，老年人身體的各種生理機能下降，使他們逐漸失去一些活動功能，甚至是基本的生活自理能力，而這個過程是漫長的，老年人的信心、自我價值在這個漫長的過程中一一逝去，使老年人對生活失去希望。
家庭依賴性強	隨著年齡的增大，老年人的醫療費用支出會急劇增加，較低的退休金收入往往不能滿足需要，而此時的多數老年人已喪失了在勞動力市場上的人力資本，無法依靠自己的勞動去獲得賴以生存的經濟收入，只能依靠家庭成員的供養。當社會福利制度和設施的不完善和不健全，使老年人無法從社會獲得足夠的醫療服務和生活照料服務，從而增加了他們對家庭服務的依賴。
護理需求量大	雖然通過治療或輔助器具可以實現部分殘障和疾病的消除或治癒，至少也可以達到部分康復，但對於老年人來說，多數障礙是隨著身體器官的功能老化或喪失而形成的，與處在其他年齡段的同類別的群體相比較，其程度往往較嚴重，完全康復的可能性總是較低。

（資料來源：作者整理）

老年人的精神和心理狀態。此外，隨著現代家庭結構的不斷小型化和配偶的喪失，家庭提供的精神慰藉減少也是造成老年疏離問題的原因。隨著生理的衰老和退休體驗，老年人生理和心理上都會形成一個脆弱期，這也是容易喪失生命價值的危險期。

與其他年齡階段的比較，老年失能時對家庭的依賴更大，既表現在對家庭經濟的依賴上，也表現在對大量照料服務和精神慰藉的需要上。這是因為：老年失能後社會參與度的降低、社會接觸的減少也增加了老年人對家庭的依賴。老年失能後對家庭的高度依賴，既增加了家庭成員的經濟負擔，也減少了家庭成員的社會勞動參與時間和供給量，使整個家庭陷入收入減少和負擔增加的雙重困境。這樣的現實，又會在一定程度上增加家庭成員對老年失能者的不滿和厭惡，很容易造成家庭照料供給不充分的現象。

身體器官不可逆轉的老化導致失能的這一事實，形成要求我們社會在建立對老年的保障制度時應更多地注重健康服務的提供和生活品質的保證。除經濟支援外，長期照護和生活服務已成為健康高齡社會的重要需求。高齡者主要的風險歸納下列：

表 7-7　高齡者生活的風險

面向	內容
活太長的風險	由於少子高齡化的趨勢，規劃重點著重在退休養老，可以透過增額終身壽險及年金保險來準備，可提供退休後生活的經濟來源，維持一定生活水準，越早準備越輕鬆，讓晚年有錢有閒有尊嚴。
走不掉的風險	由於文明病的衝擊如腦中風、失智症、癱瘓、帕金森氏症等和少運動及造成疾病或意外失能，加上醫療科技的進步，醫療費用遽增、失能長期照護需求等。解決這類問題可以透過終身醫療、實支實付及一次性給付保險、按月支付的定期看護費用，可以提供失去日常生活能力之經濟保障。
角色轉換風險	角色轉換是指接受死亡，對人生最終的旅程不憂不懼，視為生命不可避免的結局，主動地打算未來，超越死亡的界線。健全心理發展的老人必須坦然地面對死亡的事實，超越現時、現地的自我，肯定死亡的必然性，成功地適應對死亡的預期與準備。

（資料來源：作者整理）

在老年期，當一個人退休或失能時，其社會角色難有機會代替或補充，其自我概念就產生適應問題。由老年社會學觀點分析，為一種「無角色之角色（roleless role）」。從預防角度投入資源實現活力老化目標，世界先進國家均同樣面臨人口老化挑戰，世界衛生組織呼籲國際以「活力老化」（Active Ageing）因應長者需求，除了關注失能長者，也全面重視更龐大的非失能長者，在安全、健康及社會參與層面的積極預防及促進。面對急速老化的社會，健康高齡社會不只關懷殘病貧長者，更擴大從「延緩老化、預防惡化」的角度，提供失能及非失能長者「生存安全」、「健康促進」、「社會參與」三大面向服務，致力使長者獲得友善且尊重的對待及照顧，擁有健康的身心持續參與社區，並有機會和資源選擇想要的生活。

表 7-8　老人服務的主要內容

服務面向	服務理念	服務內容
生存安全	確保高齡者基本生活及權益的保障	1. 建立保護網絡：協助長輩取得社福資源，確保長輩的基本生活及權益受到保障，例如申請生活津貼、緊急處理等。 2. 健康宣導及銜接服務：宣導保健觀念，並建立追蹤與銜接服務機制，例如連結輔具資源、生活照顧、復健服務等。 3. 居家安全加強改善：為長者訂立個別居家改善項目，例如加強照明、加裝扶手、提供輔具等，減少居家環境致跌機率。
健康促進	預防及緩解老化與疾病導致之生理、心理功能下降	1. 辦理健康促進活動：提供營養餐食、舉辦健康檢測、防跌操及體適能等活動，提升長者健康活力、平衡能力。 2. 疾病預防及就醫支持：提供疾病衛教預防課程及就醫支持，並提供失智症、憂鬱及自殺防治等服務。
社會參與	透過社會、經濟、文化、教育及精神活動的參與，使高齡者可以對社會做出有價或無償的貢獻	1. 多元化的社會參與機會：包括長青學苑、樂齡學堂、社區關懷據點、樂齡學習中心、志願服務機會等，使長者生活更活躍。 2. 宣導高齡的正面價值：透過活動宣導樂齡生活的概念，增進長輩與年輕世代的互動，減少世代隔閡及促進家庭關係。

（資料來源：作者整理）

　　社會對老人與老化過程的態度與看法，將影響相關對策的制度設計，每個生命階段或時期，都有心理上的收穫（gains）與損失（losses），但在老年時期的損失較難像其他階段般的復原。在人生的最後時期，這一時期的社會支持，難於完全復原個人在生理結構的衰退與行為功能上的損失。面對當前年齡結構快速轉變，對於健康老化政策架構所揭示的理想，提升老人生活品質的有效方法，對高齡社會顯得迫切。

　　老化是現代多數人會經過的生命洗禮，生理的衰退是共通的現象，差別在於個人生物面與生活型態差異，照顧服務體系更是重要的一環。當人能夠適應人生不同階段的生活而適時調適，較能成功的適應老化過程。完善的「健康促進及醫療照護」體系，所重視的健康、參與及安全三大支柱，滿足人民的需求與權利，以發展出連續性、可承擔、易取得、高品質的健康與社會服務，是避免高齡者生活風險的具體作為。

肆、高齡者社區照護的作為

　　社會人口結構邁向老化，使長期照護需求快速增長，對高齡者健康照護而言，無論服務的提供係採行強調代際關係的社會保險或是租稅體制，均需以資源配置（allocation）的觀點來決定提供服務的組成情形，因回歸社區與家庭的策略，減少機構式服務的使用，節約長期照護成本。老人在教育和經濟水準的提升下，追求「在地老化」（aging in place）獨立自主的生活目標；同時，隨著科技的發展，強化居家安全照護的能力，使功能障礙的高齡者也可具有獨居的能力；提供服務的類型：

表 7-9　高齡者社區照護的服務方式

服務類別	服務方式	服務內容
實物給付	機構式	如護理之家與養護機構，即相對於急性醫療機構住院服務的慢性照護機構服務。
	非機構式	如居家服務、送餐服務等。

現金給付	案主本身	由個案本人使用長期照護相關服務（包括機構式與非機構式），而由政府付費。
	照護者	指在家庭內提供長期照護的家屬，用以彌補其經濟損失，如照顧者津貼。

（資料來源：作者整理）

面對高齡化的趨勢，就工商業社會的家庭以核心家庭為主流，雙薪家庭早已普遍存在於社會，加上高齡少子化的衝擊，社區照顧的議題與需求與日俱增。「社區照護」是指對醫院或機構外的老人病患或身體衰弱者提供不同專業的照顧，譬如護理服務不只在正式機構中獲得，也可以在社區內獲得。強調正式機構之外的可用資源，特別是指將家庭、朋友或鄰里的非正式關係視為可提供照顧的成員。是以，高齡社會的社區照顧，包括：「在社區內照顧」（care in the community）和「由社區來照顧」（care by the community）兩個概念。

表 7-10　社區照護的實施

類型	內容
在社區內照顧	由整個社區提供的照顧，包括：由小型的、地方為主的機構（譬如中途之家、安養中心），透過有酬勞的、符合資格的專業者所提供的照護。此概念主要是在倡導機構式照顧以外的另一種照顧形式。
由社區來照顧	是指家人、朋友、鄰居所提供的照顧；或由有組織的團體（譬如社區協會）、地方志工團體所提供的照顧。強調應在日常生活情境中而不是機構內提供服務，目標是藉由不同支持性服務將老人留在家中，如家事協助、送餐到家、居家護理等。

（資料來源：作者整理）

社區照顧社區全體民眾，整個社區的照顧責任應由每一個社區人士共同分擔，亦即社區照顧要由社區來照顧的方式，社區照顧的服務對象，泛指社區全體民眾，針對特別需要照顧的老人，則是指身體功能缺失或失能，或因年齡、疾病、身心障礙者，或是因家庭照顧有困難者，以及個人因素無法自我照顧者，皆為社區照顧之服務對象。社區照顧是一個連續性照護的概念，通常照護來自各種方式依不同性質老人的需求，區分為：

表 7-11　社區照護的對象

類型	內容
失能者	為無法自理生活者，提供在宅服務、居家護理、送餐及餵食服務等。
弱能者	交通、購物服務、辦事服務、協助復健。
健康老人	住宅環境無障礙設施、文康休閒娛樂設施或活動、健康檢查、日托、社會參與等。

（資料來源：作者整理）

　　在此需求導向之下，主要的提供者，包括：非正式的照顧者、政府、民間營利機構、志願或非政府的非營利機構、雇主與工會。現代生活水準和品質的提高與醫療技術的提升使得老人預期壽命延長，從而需要更多的醫療和照料。人口高齡化時代的到來和高齡化速度的加快，必將使因自然衰老而失能的老年人數量增加，並由此增大了失能老人群體的規模。老年社會促成了健康照護及長期照護中的專門知識、促成專門服務的成長，如生活輔助（assisted living）及成人日間照護計畫（adult day health programs），也促成了以老人為主軸的專業服務。我國照顧方案正朝向多元化方向發展，一方面積極透過社區式及居家式服務方案的擴充滿足老人多元的照護需求，另一方面亦支援家庭照顧者之照顧能量，並透過照顧管理概念的落實整合多元服務。

　　老人社區照顧是整合醫療健康與社會福利的居家與社區照顧，以社區為基礎的服務內容，包括日常生活照顧、醫療、護理、復健、諮詢服務等；服務型態依場所之不同，而有下列主要類型：居家護裡、日間照護、家事服務、營養午餐或送餐服務、在宅服務、老人住屋或公寓，以及其他輔助社會服務等。對現代社會的意義，包括：

　　第一，提供健康與失能者醫護照顧與社會服務。

　　第二，增進失能老人的福祉與獨立生活的能力。

　　第三，延緩與預防進駐醫院與住宿機構的時程。

　　第四，強化照顧服務，聯合鄰里與志願性資源。

　　第五，積極處遇與復健，避免不當的機構照護。

　　第六，協助需要專業治療與長期照護者的需求。

表 7-12　高齡者健康促進的作為

服務面向	服務理念	服務內容
服務對象的擴大	從選擇式（selective）到普及式（universal）	人口結構與勞動市場方面產生重大變化，譬如我國人口老化速度造成老人失能比例的上升，加上婦女勞動參與率的攀升、父母與子女同住比例下降等，再者，民眾社會權的觀念逐漸起步，我國社會福利政策顯然開始朝向普遍主義的福利理念發展，民眾的健康及照護需求被視為是基本需求之一，就如同所得、營養、健康、住宅教育等需求，開始將服務對象擴及一般戶老人。
服務項目的多元	從機構式到居家式優先	觀世界各主要國家的長期照護發展，雖然早期也是著重機構式設施的發展，但在二十世紀六〇年代以後，卻反向限制機構床位的設置，致力於居家支持服務的發展，希能支持身心功能障礙者在家中生活更長的時間。
服務內涵的務實	從經濟性到多元性方向	隨著失能民眾照顧需求的增加，以及服務模式朝向多元化方向發展，如何有效運用資源為民眾提供適當的照顧服務成為政府的一大挑戰，照顧管理制度乃應運而生。

（資料來源：作者整理）

　　社區照顧的目標，包括幫助人們在家中保持獨立、提供社會照顧和陪伴、維持或發展技能，以及為受照顧者提供安慰和支持。所提供的活動和照顧包括：午間用餐、社會互動和娛樂休閒、醫療服務、手工技巧和減肥運動等，以及諸如理髮、洗澡和手足病治療等個性化服務。人口高齡化的社會理論討論老人如何面對其社會環境的最佳方式，討論老化現象與老年有關的主題，探討如何在老化過程中給予老人最適當的社會處遇與干預方式。臺灣目前對於老人福利的社會安全制度正積極推展，計有：「養護機構」，「安養機構」，「日間照顧」，「營養餐飲服務」，「中低收入老人重病住院看護」，「老人福利活動」，「長青學苑」，「社區老人休閒活動」，以及「辦理老人教育訓練」等。高齡者社區照護的作為是希望發揮「我為人人，人人為我」建構一個合於高齡者生活的高齡化社會，以促進老人的生活滿足與生活福祉。

結語

　　隨著醫療、營養與公共衛生等科學技術的日漸進步，使得人們的平均壽命大幅提高，高齡人口延年益壽的能力增加。因此，在這兩股力量的共同促進下，世界各國均逐漸朝高齡化社會以及超高齡社會的方向發展，人口老化儼然成為世界趨勢。

　　社會結構與社會變遷，對於老人之身心健康與日常活動之彼此影響。Erikson（1963）提出心理社會發展期八個階段的觀點，認為老人處於第八個人生發展的階段，必須反省即將瀕臨生命的終結，思考人一生的意義與重要性，達到生命意義的統整，跟著醫藥的進步，許多人生存到老年，使老人們形成全人口結構中一個很大的群體，隨著人口數量的增加，他們的福祉有了相當的提升。

第八章 老年人的生涯規劃

前言

在一九五〇年時，六十歲以上的世界人口僅有兩億，而根據目前人口結構發展的趨勢觀之，預估公元二〇二〇年時將增為十億，二〇二五年將更增為十二億。對人類而言，人口結構的老化是一種成就，但也是另一種挑戰。這些老化人口之增加，不得不注意到老年的整個生活適應問題，正如同聯合國於一九九九年倡議「世界老人年」時指出：老人應有充分進行生涯規劃，以教育、文化、休閒及志願服務的參與，開拓老人生活。要正視老年時期，即將來臨之人生寒冬，早作準備，不要讓老年突然降臨在自身生活周圍形成問題，才消極地去承受問題，倒不如積極地面對，未雨綢繆，為老年時期的生涯早作規劃，採取可能達成自己心願之步驟來享受老年生活，而儘量避免老年時期經常發生的危機。

尤其是老人在六十五歲左右退休，其生命餘年可達到八十歲左右。其晚年之生存期間將有十五年至二十年左右，如何讓老人展現生命的意義及生活的活力，因此老人的生涯規劃就成為老年時期的重要工作，才能期望老人的生活可以過得有尊嚴與有意義。聯合國的「一九九九國際老人年」除了希望充分落實「國際老化行動計畫」及「聯合國關懷老人原則」中的精神與內涵外，更期望透過政治、教育、經濟、社會與文化的力量，促進國際社區對於高齡者的重視與關懷以及各世代間的和諧，進而為人類建立一個理想的社會。

壹、高齡者的生涯規劃

生涯（Career）是一種生活方式的概念，包括了一生當中工作與休閒的活動。是生活裡各種事件的演進方向與歷程，統合個人一生中各種職業和生活的角色，由此表現出個人獨特的自我發展組型。生涯涵蓋範圍綜及個人的一生，統攝工作、家庭、自我、愛情、休閒、健康等層面，可視為個

人整體謀生活動和生活型態的綜合體。生涯規劃（Career Planning）即是一個人生涯過程的妥善安排，在這個安排下，個人能依據各個計畫要點在短期內充分發揮自我潛能，並運用各種資源達到各個發展階段的生涯成熟，而最終達成其既定的生涯目標。期望老人有個「計畫性」退休的觀念，思考前瞻性、未來性的生活目標，在退休前做各種生活面向的準備，包括經濟生活完全、醫療保健、心理和社會適應、再就業和社會性參與活動⋯⋯等的課題。全球化與國際化的經濟環境之下，核心與邊緣勞動者的勞動條件逐漸兩極化，使其老人經濟安全面臨風險，「就業」變成一部分勞工維生的必要途徑。

　　由於高齡者身心社交各方面的衰退，所以適應環境較年輕人困難。因此當社會裡高齡人口逐漸地成長，加上高齡者生理、經濟生活等共同特質、工業社會中退休制度的建立，阻礙高齡者與社會的連結，以及高齡群體的層級化，促使高齡者被非高齡群體所忽視。高齡者若無適當的活動來填補心靈上的空虛和孤獨，反而容易加速高齡者身心的衰老；而參與社會活動，正可作為一種替代物，用以填補工作撤退後的空白。透過對老年生活的生涯規劃，對個人而言，將會是另一個成長契機；對社會而言，將是一項積極資產。一個毫無目標的人生是絕無喜悅與快樂可言的，對於老人的生涯規劃要讓他們能夠自立，保持自己的希望與願景，隨自己的意願設定生活目標，依據老年時期的身心健康，逐步實現自己所訂的目標，才能享受生活樂趣。

　　從世界發展趨勢，人口高齡化是社會經濟發展的必然趨勢。這一世代的人必須接受，在平均壽命延長和許多銀髮族身體仍然相當健康的情況下，延長退休年齡以及退休金調節是無可避免的事實。延長法定退休年齡可以增加國庫收入，減輕財政負擔；有工作能力的銀髮族除了可以貢獻所長，也能持續健康的社交生活；因為只有當社會經濟發展到一定水準，人類的食物、居所、安全、醫療衛生等各項生存條件才能得到有效改善，壽命才得以延長；也只有社會經濟的進步，嬰幼兒存活率的提高，對勞動者素質要求的提高，才會推動人們由追求孩子的數量轉變為追求孩子的質

量,使人口再生產類型由傳統的高出生、高死亡、低增長,向現代的低出生、低死亡、低增長轉變。人口老化影響到了就業、社會安全、社會福利、教育與健康照顧,而投資、消費與儲蓄的方式,亦需要重新作一調整。在已開發國家及開發中國家,因國家結構與情況的不同,在因應人口老化所引發諸項挑戰的做法與措施上亦應有所差異。

老化人口增加是全球的普遍現象,勞動市場將會有一群高齡者,因為無法取得足夠的老人經濟保障,而必須持續就業,來維持自己的生活;對於無經濟需求、但希望透過就業來維持個人健康與社會參與的高齡者來說,目前缺乏合適的協助,形成人力資源的浪費。老年人是人類社會的重要組成部分,老年人是社會的特殊群體,人口高齡化逐步邁向歷史上前所未有的規模和程度,老化問題已成為世界性的重大社會問題。

老化是一種終身持續進行的過程,這些問題或許有一些應對的辦法,例如延後退休年齡、增加勞動力(如移民)、培養品質高的下一代以提升生產力、維繫家庭凝聚力、退休金只要達到基本津貼的程度即可,及早儲蓄防老。一般對於「老人」的研究系列中,「就業」是一個常被忽略的面向,然深入瞭解各國面臨高齡社會的就業政策即可發現,「高齡者的就業」是一個重要的探討面向,各國並從國家財政、退休準備、經濟安全、健康促進的角度,關照如何運用促進高齡者就業、善用高齡人力資源。老人從事有報酬的職業,不但有勞動保持身體健康之外,而且還可以從報酬中獲得老年生活費用來源,一舉兩得。個人的發展涵蓋各個生命階段,同時需要個體的積極開創與環境的促進。個體發展可視為個人與社會交互作用且彼此受益的一種過程,此意味著個體的獨立與參與行為的結合。自我發展須透過終身教育,以提升個人技能與生活品質。在一九八〇年國際勞工會議中,訂頒高齡勞工號公約,希望能促成以下幾個目標的達成:

一、保障勞工不因年齡的差異而經歷不平等待遇;

二、對於高齡勞工的就業歧視,要加以防止,包括取得職訓與就業資訊;

三、根據個人的技能、經驗與資歷,取得合適的工作機會;

四、取得訓練與再訓練的機會；

五、提供就業安全。

由於人口高齡化及年輕勞動力減少等因素，近年來高齡者的工作與退休型態成為一個重要的政策議題。美國及其他國家，戰後嬰兒潮世代（一九四六到一九六四年的年齡層）一旦退休，將會對國家財政形成負擔，致使政府的政策努力於延長工作年齡、延後年金領取年齡；老人生涯規劃是居於肯定個人是一個自主性、自發性及自決性的完整個體，高齡者要具有生涯規劃的知能，吸取養生保健的知識，充實生活的內涵，參與學習活動，培養正當的興趣與嗜好，來樂活高齡期，這是每個高齡者所應為與當為的事情。

老人生涯規劃由開始就要有自我覺醒、自我理解、評估自己身心的健康、經濟條件、家庭狀況、以及變遷中的社會環境，包括政府的退休政策與老年福利措施以及醫療保健現況，決定退休後的生活目標，要從事自我探索、瞭解本身條件、社會資源、獲得所需的知能、分析測驗，然後設定短程、中程與長程的目標。高齡者生涯規劃宜包括：

表 8-1　高齡者生涯規劃內涵

重點	內涵
有目的有計畫	現代的社會觀念認為老人的人生經驗為最豐富的時期，對於家庭婚姻、生男育女、開拓事業、人際關係的社會閱歷要比年輕人更為寬闊與深入。因此，對個人退休生涯所作的有目的、有計畫、有系統的規劃與安排，是一種設計、準備、期望和力行的過程。
注意世代差異	是一種個人生活方式的選擇和生活型態的規劃，各類型勞動者退休保障程度的差異，導致其就業需求與就業行為有所差別。故應該針對不同類型勞工的特質，進行合適的人力規劃與運用；尤其應特別注意「世代差異」（cohort difference）所形成的影響。
多元充分考量	老人會依其生物年齡、身體功能、心理年齡、心智成熟、社會年齡、人緣關係、法律年齡、退休活動等等因素，各有個人差異。可以抉擇其退休生涯發展目標，以決定個體適應環境的生存方式，並運用各種方式予以達成。
衡量內外環境	探討老年時期的生涯規劃與安排適當的退休生活是非常重要的，是個人自我認知、自我探索、自我實踐，持續不斷於個人內在、外在環境變遷因素中，尋求平衡點的生活歷程。

達成自我實現	要追求自我領悟與自身心靈上之長進以瞭解生命的意義。經由生涯規劃的過程，退休老人將重新檢視自我的興趣、性向、專長、人格特質等，並對外在環境、社會資源作整體性的評估，以增進個人潛能的發揮，掌握生涯發展的大權，達成自我實現的目標。

（資料來源：作者整理）

　　老人生涯規劃可依老人時期之不同階段各有不同的目標，要配合老人身心健康的情況與日常生活獨立自主的程度，生命期的延長是人類在二十世紀最顯著的現象之一。在二十世紀初，全世界人類的平均壽命約為四十歲，至二十一世紀初，人類的平均壽命已達七十歲以上。個體生命期的延長，係由於壽命增長所帶來整個社會人口的高齡化現象。這種人口結構的老化現象，是世界一致的發展趨勢，無論是已開發國家或開發中國家皆然。

　　因為提早退休的進行，已干預勞動市場勞動供給的行為，扭曲人們原本在勞動與休閒的取捨，在人口持續高齡化的趨勢中，這樣的扭曲如果繼續，會產生問題。要保障高齡勞工能在一個合適的工作條件下，得以繼續工作。在國際勞工組織，有以下幾個建議：

　　第一，從工作到退休宜採用漸進的方式；

　　第二，退休宜採用自願的原則；

　　第三，年金領取年齡宜符合彈性的原則。

　　因此，目前多數 OECD 國家，已改變過去提早退休的政策，而希望能提高高齡勞工的勞動參與。國際勞工組織對於高齡勞工的退休，有以下幾點綜合建議：

表 8-2　國際勞工組織對於高齡者生涯規劃建議

重點	內涵
遞延年金	全額年金領取的資格，應該根據繳費的年齡，而不是勞工的實際年齡，如此才能讓勞工有更多的彈性來規劃工作生涯。
延後退休	開始領取年金的年齡，應該延至勞工選擇退休後，並進而提高其年金領取的額度，以作為勞工繼續工作的誘因。

部分就業	部分就業（partial employment）及階段性退休（phased retirement）宜被推廣，使勞動市場有時間調適損失有工作經驗的勞動者，並減輕對於社會安全給付體系的衝擊。讓有意願且有能力工作的高齡者可以繼續留在勞動市場貢獻心力，即使已經超過法定的退休年齡，也能協助企業願意繼續再僱用這些退休高齡勞動者。
借重高齡	高齡勞動者的生產力與工作能力，可以透過持續的技能訓練、工作環境的調整，及健康的工作環境等來加以努力。
擴大需求	促進高齡者就業，是否會因而排擠年輕人的就業機會？尤其在勞動需求未能同時擴張的狀態下。一般看法會認為，勞動需求下降的趨勢與促進高齡者就業，將可能排擠年輕人的就業機會，因此，擴大勞動需求面，仍非常重要。

（資料來源：作者整理）

　　臺灣到了二〇五〇年，六十五歲以上老人將占臺灣總人口百分之三十以上，屆時臺灣將成為全球第二超高齡國家，僅次於日本。到了二〇五〇年，臺灣的扶養比將達到一點五比一，與日本相當。食之者眾、生之者寡的低扶養比，將嚴重危及退休金及老人年金的給付。除了政府正視問題嚴重性並採取措施外，民眾也應儘早未雨綢繆，規劃退休生活的財務保障和重視養生，將來當個快樂又健康的銀髮族，才能累積抗老資本。因應高齡社會的來臨，除現行政策外，也要有新思維，在高齡者教育程度越來越高下，應建立「高齡者人力資源中心」，並參考美國成立「志工人才庫」，活絡人力再運用。作為專業傳承智庫，鼓勵國家所需技術人才重返職場，整合各類志工服務組織，比如專業人才在屆齡退休後延攬做有給職顧問或轉介志工單位。

貳、高齡者的休閒生活

　　高齡人口增多，政府花費在醫療保健、照護服務以及老人年金、退休金等的支出大為增加，將使政府財政不堪負荷，甚至造成破產。有鑑於此，在高齡化社會日趨嚴重的西方國家，他們的財政專家早就注意到人口高齡化對政府財政的影響，而提出各種不同的因應措施，其中被認為最有效的策略就是採取延後退休制度，因為高齡者每延後一年退休，政府財政的支出及相應的減少一年，

並且尚可向持續在勞動市場工作的老人，課以應繳交的稅收，形成一面減少支出，一方又增加收入的雙獲利局面。因此，近年來，西方高齡化程度較高的國家，紛紛採取延後退休的制度，成效良好。

　　老人豐富了生命內涵，是成功老化重要的方法，有了正確的觀念及知識背景才能有良好生活品質。我們將可發現老人的生活世界愈來愈豐富、歧異和複雜。根據推估，二○五○年全球六十五至八十四歲人口將由現在的四億增加到十三億，八十五歲以上人口從二千六百萬增至一億七千五百萬，一百歲以上人口從十三萬五千增至二百二十萬人。可見老人並非「殘餘類屬」，從前以疾病、失能、照顧、死亡為參照點所建構的老人世界，將被「老年文化」或「生活風格」所取代。一般高齡者所從事的休閒活動大致可分為以下幾類：

表 8-3　高齡者的休閒活動類型

重點	內涵
知識增長型	主要以學習新知或是鑽研特定主題為目的，例如：書報閱讀、到終身學習（lifelong learning）機構就讀、研究命理星象或是聽演講……等。近年來，電腦的學習與網路使用對高齡者來說亦是最夯的課題，其學習動機不外乎是希望能有更多元知識獲得管道，更是為了能與子女拉近距離及溝通。如手工藝、繪畫、插花、園藝、讀書、衛生保健、醫療常識……等。
技藝體育型	這類活動可提升高齡者的技藝能力、擴展身心發展及強健體魄為主，活動包括：手工藝製作、園藝、烹飪、插花、樂器演奏、歌唱舞蹈、民族技藝、外丹功、太極拳、胭脂舞、桌球、槌球、羽毛球……等。
情感交流型	此類型主要能讓高齡者透過情感的表達，增加正向情緒，含括一般的康樂活動，例如：唱歌舞蹈表演、看電視、才藝表演。此外，飼養動物亦是一項具有正向功能。
社會互動型	透過此類型的參與，高齡者通常可以建立除了家庭成員以外的社會人際關係，或是提供社會服務，貢獻一己之力，活動包括：參與宗教活動、社區服務隊、擔任某單位之顧問、至學校擔任學生的生命教育導師、籌組或參與老人旅遊團……等。如訪問臥床病人、獨居老人，整理公共環境衛生，訪問仁愛之家等慈善機構或感化教育機構等。
健康保健型	以增進長者的健康為目的，如：體操、打拳、登山、散步、早起會、老人運動會……等。

| 其他的類型 | 通常是比較靜態且較熟悉的活動，例如：與家人及親友相聚、照顧家中年幼的晚輩，或是進行休息……等。 |

（資料來源：作者整理）

　　高齡者休閒生活以促進老人生活的充實、健康，提高老人知識、增進老人健康及生活樂趣為目的。為了能保障老年生活的多采多姿、充實而有意義，應有效的運用空間時間，從事休閒活動，臺灣已經進入了老年人口劇增的時代，如何提高高齡者的生活品質，促使高齡者適應老年生活，一般認為適當的休閒活動可以帶來身心健康、生活滿意、個人成長等利益，要發揮老年生命的潛能，要靠自己的力量來開拓老年期的新生活。

　　人類智能是多元的，美籍學者葛登納（Gardner, 1999）認為可分八大類，分別為語文、數學邏輯、空間、肢體運作、音樂、人際、內省、自然探索等，是以，個體的休閒的需求不同，活動也不同，同樣的會因不同喜好使得反應有快慢的差異，此觀點說明了活動的廣泛性。須多方配合，政策制定、行政措施、活動設計、實施方法，高齡者參與的休閒生活，以新觀念融合舊有知識為基礎，配合學習者所好及生命發展任務為課程元素，應區分為三個層面：

表 8-4　高齡者的休閒活動層次

重點	內涵
心理層面	滿足心靈及精神層面（spirit）的需求，達到自我實現或是超自我實現。
生理層面	滿足提升健康（health）、生命活力（activeness）需求，提升生活的品質。
社會層面	展現（performance）個人價值之需求，如社會服務，貢獻才智或技能，享受參與（enjoyness）之需求。

（資料來源：作者整理）

　　符合了以上三個層面的課程，也符合了生活的提升，在活動的實施時，給予符合高齡者特性的環境，以適性化的策略，必能使老人休閒效果更佳。以休

閒者為中心，在活動規劃設計上無論是活動的內容、方法、地點、時間、型態、偏好均應考量參與者特性，活動情境安排如地點安適、燈光亮度、溫度控制、環境布置、廁所位置均需以高齡者特性規劃，此項即是適性活動的重要因素。

參、高齡者的社會教育

面臨人口老化的高齡社會問題，發展因應解決問題之道乃當務之急，日本於二〇〇一年《高齡社會對策大綱》即指出，高齡社會三大主要問題：第一，有關僱用或就業問題；第二，有關老人福祉及增進老人生活品質的問題；第三，有關生命意義的問題。而以上三大問題因應，皆需透過教育方能達成，顯見加強高齡者教育，為因應高齡化社會挑戰的必要作為。從聯合國關懷老人的倡議中，可以明顯看出，高齡者教育的推動與落實，對於建立一個不分年齡人人共享的社會具有重要的影響。積極從政治、經濟、文化、社會與教育等層面，發展關懷老人的政策、制度與計畫。如「獨立」的第四項原則中即明確指出，老人應獲得適當的教育與訓練課程；而在「自我實現」的兩項原則中，更強調老人應獲得教育資源，以充分發展他們的潛力。二十世紀的科學與技術革命，導致了知識與資訊的爆炸，這些持續發展的科技，亦加速了社會的變遷。為因應生命階段任務發展能力及知識的具備，需與時俱進，方能順利適應生活的改變，可見終身學習的必要。在很多社會中，老人經常扮演著傳遞訊息、知識、傳統與精神價值的角色。這項重要傳統，仍應繼續存在於人類社會中，高齡者教育的政策與目標歸納如下：

表 8-5　高齡者的教育政策與目標

重點	內涵
教育結構興革	老人接受教育是一種基本人權，不應該有差別待遇。教育結構必須能夠回應個體終身的教育需求。成人繼續教育是人類的一種必要需求，老人應當成為成人繼續教育的目標團體。
發展教育方案	教育政策應該考量到老人教育權這項原則，提供他們充分的資源與適宜的教育方案。促使老人成為知識、文化及精神價值的教師與傳

	授者。此外，應該如同其他年齡族群，獲得識字教育、以及使用社區中的一切教育設備。
採取適當方式	根據老人的能力採用適當的教育方法，讓他們可以公平的參與學習進而從教育中獲益。各種層級的成人繼續教育應該受到認可與鼓勵，個體在人生早期即應接受關於老化過程的教育，以對於老化是一種自然過程有充分瞭解。而大眾媒體對此應扮演積極重要的角色。
社區學院作為	根據聯合國教科文組織（UNESCO）的終身教育理念，推展非正式、社區本位及休閒取向的老人教育方案，以增進老人的自信心及社區責任感。政府與社團組織應該促進老人多接觸如博物館、劇院、音樂廳等文化機構的機會，鼓勵他們參與休閒活動並善用時間。為老人提供如手工藝、藝術、音樂的研習會，老人得以同時扮演觀眾與參與者的積極角色。
媒體倡議宣導	大眾媒體應作為促進老人參與社會、文化與教育活動的一種媒介。各種有關老人生活的訊息，應該以清楚可瞭解的方式讓老人認識。媒體、教育機構、政府、非政府組織及老人本身應該努力克服老人總是被認為身心能力不足、缺乏獨立能力，不具社會角色與地位的刻板形象。而老人或是他們的代言人，亦應共同參與這類活動的意見提供與規劃。
形塑社群共識	政府與社團組織應該推動關於老化問題的教育方案，調查教育與老化在不同的文化及社會中所扮演的角色。促進一般大眾對於老化過程及老化的認識。這種活動應該開始於兒童時期，並貫穿於各級正規學校體系中。此外亦應透過非正規管道與大眾媒體發展這類課程。

（資料來源：作者整理）

　　高齡化社會已來臨，高齡者參與終身學習是成功老化的重要因素，高齡者因為其生理、心理及社會等因素，在學習的內容及教學課程設計與實施方式，有其他特殊性並有別於一般成人教育或是學校教育，在安排高齡者教學環境的條件須多方配合。大眾媒體應致力於宣導老化過程與老化本身的積極面。老人的現況，透過報導，進而認同及因應他們的確切需求，以建立一個年齡統合的社會（age-integrated society）。

　　高齡者參與學習原因，有解決發展任務需求、提高生活品質、發展智慧結晶，要先肯定老人之生存價值，要重視老人為社會資產（Asset）而非

社會債務（Liability）。要瞭解生命本身的發展有兩個大轉捩點，一個是由青少年邁向成年時期，另一個是由成年高峰期轉向走下坡之老年時期。在這第二個大轉捩點接近老年時，並不表示全是一種退化，而是代表一種新發展，朝向另一個人生的「自我實現（Self-Realization）」。高齡者教育是老年工作者發展工作機會以及適應工作環境的方法。至於其他涵蓋於「參與」、「照料」與「尊嚴」等要項的各種原則中在從事社會參與、社交活動、社區服務的過程中，若有充分機會繼續接受教育，將更有助於積極的參與及服務。而有關維護身心健康及照料，以及獲得應有的尊嚴與尊重，除了客觀環境的配合外，亦亟需個體本身相關知識與精神涵養的提升，方能達成目標，由此高齡者教育的重要性，已可見一斑。老人人口的增加，使得教育與訓練的重要性日益增高。教育與訓練的政策及方案必須考量到老人的需求與老化人口的發展。據此觀點，高齡教育與訓練的推動作為：

表 8-6　高齡者的教育推動的作為

重點	內涵
著重科際整合	教育與訓練方案在本質上須進行各種學科整合，老化與老化人口是一種科技整合的議題。生命的延長帶來的是另種可能性，而非社會問題。關於老化與老化人口領域的教育與訓練，應該不受限制的實施於各層級中。
提供健康資訊	老年學及老人醫學（geriatrics）的訓練應該在各層級的教育方案中，當受到充分鼓勵與推動。政府應鼓勵提供適宜的老年學與老人保健的訓練。各種政府與非政府組織應該培養老化專業領域的人員，同時應加強關於老化資訊的宣傳，特別是將這些訊息傳達給老人族群。
高齡教育研議	關於老化人口的技術、知識與經驗的交流，或歷史、文化與語言的聯繫，有關老化議題的專門技術、科技轉移以及經驗交流應該密切進行。這是一個相互學習，以及增進訓練與研究合作的機會。
借助退休人員	借重退休教師的專業能力，以促進社區長者生活能力、文化瞭解與社會繁榮。諸如為高齡者提供有關老化的相關課程，如保健、收入保障及改變形象等。
彈性教學互動	終身學習社會已來臨，老人學習是社會進化的指標，老人參與適性學習課程，以具彈性化的學習課程教材，彈性化教學互動，必能使老人學習更有趣，能使教學活動更能符合預期教學效果。

（資料來源：作者整理）

　　為配合聯合國的「國際老人年」活動，在一九九〇年發表的「老化問題（Questions of Ageing）」報告書中，對於大學、開放大學（Open Universities）、第三年齡大學（Universities of the Third Age）、社區學院（Community Colleges）及中學等各級學校，如何推動高齡者教育，許多國家已推動高齡教育的措施並擬定長期發展計畫，如德國為例，為迎接高齡化社會所帶來的挑戰，特於一九九七年結合了來自聯邦及各邦相關部會、國會、政黨、老人組織團體、福利機構、教會及地方社團等代表，在波昂（Bonn）專門成立了「國際老人年國家委員會」（Nationale kommission zum Internationalen Jahr der Senioren），負責發展「一九九九國際老人年」的相關構想與建議並推動適宜的措施。該委員會分設多個工作小組，其重點工作主要包括老人的社會與政治參與、健康維護、就業市場、老人政策及教育等項目。高齡者接受教育或訓練的主要目的在於鍛鍊身心健康，延緩老化，節省國家醫療資源，愉悅地過晚年生活，有能力的老人擔當志工繼續貢獻社會或從事有酬工作，而經濟能力佳的高齡者可以休閒娛樂為生涯規劃主軸，而退休金不夠維持生活者，亦可另謀部分工作時間滿足需求。高齡者接受繼續教育是社會公平的展現，保障高齡者的學習權，不只是一種社會福利，也是社會資源再使用，使老人不再只是社會負擔，亦是社會貢獻者。

肆、高齡者與志願服務

　　因應人口快速老化，關注老年期的發展需求，隨著「正向老化」（Positive Aging）、「成功老化」（Successful Aging）、「健康老化」（Healthy Aging）、「活躍老化」（Active Aging）等倡議，反映著社會與每個個人對老年生活的期待。由參與、服務、學習的觀點而言，志願服務的確有助老人之健康，進而可促進老人達成理想中的成功老化。高齡者藉由志願服務的參與，有助於彰顯晚年生活的意義與價值，進而協助其邁向成功老化。在長者的生涯規劃中，對老人更多具體的了解，經由積極設計活動與機會，以促進志願服務中的參與，使產生豐富的知識、技能、與智慧外，並可藉此發揮成功老化元素，以促進老人志願服務的參與。志願服務隊參與者具備積極的效益，是一個利益社會與個人的活動，

對長者而言，志願服務是其於離開職場後，成為取代因老年其隨著社會參與減少而導致社會關係的減少。

從生命發展任務的概念來看，高齡者有六項適應任務發展：適應生理的老化、適應失去工作角色、適應配偶的死去、適應收入的減少、繼續參與社會、維持良好的人際關係。為提升高齡者生活品質，高齡者教育與學習內容應包含多元面向的範圍，如一般知識性內涵：生活技能、休閒知識、心靈修養、養生常識、現代科技生活適應等，或是較專業深入之知識：志工服務專業知識及技能等；不同背景、不同程度之高齡者有不同學習需求，才足以滿足高齡學習之目標，志願服務為具有多種功能且可促進社會網絡的社會參與活動，高齡者積極參與社會活動將取得較佳的生活適應，而志願服務正是提供退休高齡者持續參與社會活動的好機會。高齡者社會地位的失落是因高齡者社會角色的轉變，故高齡者應拋棄成年人的角色型態，以高齡者的新角色代之，而高齡者參與志願服務工作為新社會角色扮演的型式之一。鼓勵高齡者從事志願服務，為發揮老人人力資源且促進積極適應老年生活，高齡者參與志願服務的收穫，強調獲得心靈滿足與精神快樂，是為對高齡者、家庭、社區及社會有所裨益的作為。

退休後生涯若有適當規劃，無論是從事有報酬的工作、修習各單位辦理的進修課程，或從事休閒娛樂、擔當服務志工，則身心健康情況良好，壽命較長，退休人員幸福的關鍵，在於身旁擁有多少朋友陪伴，而非家中是否子孫滿堂，退休生活滿意度跟社交狀況有關，相反的若不參與社會活動者，則較不利於建康，參與團體式的學習，是社會化活動很好的方式。

高齡者從工作崗位撤退以後，如果空閒時間太多，對高齡者不一定有利。在人口統計上，六十五歲以上者一直被列為不事生產、被扶養的依賴人口，社會也不斷提醒人們，老年人口增多將是社會未來沉重負擔，也因此老人往往被視為經濟弱化的原因。殊不知老人不一定不事生產，不事生產者也不一定是老人。老人不事生產實際上是一種制度的設計，例如強迫退休或就業的年齡設限，無關能力。老年人可依自己的時間、能力、經驗、興趣等，自願參與無薪報酬的工作，如協助社區整理環境；參與自然資源

及文化財產之維護保存；到各地的關懷中心、育幼院、醫院等貢獻智慧心力，都是好的服務項目。心理學家馬斯洛（Maslow）將人類的需求層級化，分為經濟性需求、生理性需求、心理性需求及社會性需求。

老人人生的經驗閱歷與社會成熟度都是老年人社群參與最主要的依憑，只要發揮生命之潛能，利用心智思想可替代體力退化之不足，將可從事有益社會及自己的老人生涯。參與社會公益的志願服務或者可從事一部分自己有興趣的勞心或勞力之工作，以增加退休後之成就感。社會活動理論、社會繼續理論、社會替代理論與社會角色轉換理論均可支持這一階段之老人生涯規劃以發揮老人內在的潛能。要保持老當益壯，展現長者風範，表露老人魅力，吸引年輕人願意接近學習老人經驗，傳遞人生智慧，專業思想，提拔後進，儲蓄老年精力及社會資源，增進老人資產收益，貢獻人類社會。

表 8-7　高齡者志願服務的理論分析

重點	內涵
社會參與理論	高齡期是中年期的延長，高齡者和中年期一樣，有活動的心理性及社會性需求，可從事社會上的工作，參與社會活動。且大部分高齡者均不願喪失社會的角色，所以在中年期的種種活動和交際，應儘量的給予繼續或延長。
角色替代理論	高齡者在生理及心理方面均有逐漸退化的趨勢，參與社區志願服務工作不僅可以協助老人重新調整其社會角色、增加其與社會支持及聯繫，更能協助老人學習扮演一種新的角色。
次級文化理論	志願服務有利於克服高齡者因有共同特性而自然結合成一團體，兼以社會人士對高齡者之偏見與歧視、隔離了高齡者活動範圍，而形成一種所謂「老年次文化」的刻板印象，使得高齡者增加與其社群互動的機會。
需求滿足理論	高齡者要滿足社會、人際關係以及與他人、團體互動的需要，否則會造成高齡者無形的心理壓力。參與志願服務可以滿足高齡者社會互動的需求，進而滿足愛與自尊、參與感與自我實現等高層次的需求。
社會交換理論	當回收賞酬大於付出的代價時，則高齡者必會對志願服務持續付諸行動；相反的，高齡志願服務者認為時間、心力之付出與內心滿足、實質收穫之回收不成比例時，則自會退出志願服務工作行列。因此社會福利機構或者社區，要能招募到或留得住高齡志工，則在於高齡志工能否感受到機構及社區提供適當回饋。

（資料來源：作者整理）

　　高齡者是社會重要人力資本，不是社會的負擔，高齡者能繼續學習且必要參與學習，有投入志工服務或參與學習的高齡者，對身體健康比不參與者好，高齡者應打破老人退休不需要再學習或無法學習的迷思，積極參與服務性活動，必能使高齡生活更健康，更有活力，更有尊嚴。建構完整高齡志願服務系統，除了符合聯合國世界衛生組織有關積極老化的方向，扮演促進高齡者社會參與的重要推手之外，並作為培養全民具備正確老化知識、態度，進而付諸行動的關鍵。因此高齡教育不單只是國家提供的社會福利，更是促進終身學習的重要元素，亦是促使國民成功老化的重要因素。

結語

　　人口結構高齡化已成為全球趨勢，世界衛生組織（WHO）在二〇〇二年即提出「活力老化」政策框架，以促進高齡者「健康、參與及安全」的生活；經濟合作發展組織（OECD）亦於二〇〇九年提出「健康老化」報告，建議各國高齡化政策應針對維持高齡者生理、心理及社會各方面最適化，使高齡者可以在無歧視環境中積極參與社會。老人是人生旅途最後之一個時期，猶如自然規律的春耕夏耘秋收冬藏，老年時期是人生的冬季，各有其發展功能。退休後的日子，如何仍擁有健康的身體，豐富滿足的心靈，良好人際關係，個人財富管理運用得宜，使漫長而悠閒的日子仍保有豐富、安心的歲月，是退休生活規劃重要考量。自一九八二年起聯合國積極展開一系列的關懷老人措施，而高齡者教育始終是一項重要的議題。建構一個老有所為的社會，老年人是人類社會的重要組成部分，老年人是社會的特殊群體，老年人是一個豐富的人才寶庫，蘊藏著巨大的社會生產力，具有不可忽視的地位和作用。可以在經驗傳承、志願服務方面發揮作用；可以發揮無畏艱苦的示範作用，發揮社群服務作用，發揮關懷青年作用，發揮社會教育作用。

　　開發老年人才資源，對於加快經濟建設、促進科技振興、保持社會穩定都具有不可替代的作用。「國際老人年」的概念與行動係以「國際老化行

動計畫」及「聯合國關懷老人原則」為基本架構。聯合國的這項方案提供了一個良好的機會，讓全球社區對於老化是一種自然現象且存在於人生價值之中，有了更深層的體認，同時亦鼓勵及促進老人積極而有意義的從事社會參與，為建立一個不分年齡人人共享的社會而努力。而無論是高齡者教育、社會福利、社會安全或其他相關的老人政策與措施，均應在高齡化的現代社會中獲得重視與完善發展。我國已邁入高齡化社會，對於高齡者教育的推動與落實，已是今後發展終身學習文化，建立學習社會的過程中不容忽視的重點。

第九章 老年人的
生活適應

前言

面對著社會急速高齡化的問題，需要以創意漫溢的氣魄，來迎接應付這個人類課題所構成的挑戰。老人的照顧及心理調適服務不只是理論上的探討，還有實務上的運用改善。具體照顧包括事前危機預防、危機介入處置、癒後處置。學習調整適應，轉化危機成為各種發展機會。老人臨終照顧是每個年輕人都需繼續學習的課題。老人社會工作是運用社會工作個案、團體、社區等服務方法，去了解老人疾病或常見的老人情緒問題與老人生理或心理健康有關的社會政策的一種工作過程。老人在我國《老人福利法》是指年齡六十五歲以上的人，老人越來越多。老人福利照顧工作是為自己將來及服務社會的工作。人越來越老，生活及心理上累積越多困擾及經驗。疾病老人心理常是複雜、猶豫、矛盾、多變的。如何應對困擾調整適應及照顧值得學習。專業訓練是為提供完善服務及提升機構品質。樹立真心尊敬高齡人士的風氣，無疑是為社會的持續繁榮打穩基礎。人口結構高齡化已為全球趨勢，很多人都是愕然發現自己變老。臺灣人口老化速度三級跳，二○一八年老年人口占總人口比率將超過百分之十四，成為高齡社會。緊接著八年後，躍升為超高齡社會，每五個臺灣人就有一個是老年人。當世界衛生組織提出「活躍老化」概念，目標在提升老年人的生活品質，並強調老年人應持續積極的參與社會。檢視今日臺灣，看到也預見了高齡社會的來臨，但是在政策、環境上仍未到達理想的境界，它需要更多的投入與建置。

壹、老年人的生活適應

隨著長者人數的快速增長，調適老年人的生活環境，幫助老人適應不良社會環境，像是疾病、經濟、家庭關係等一些問題可以使老人能過正常的生活。高齡人士的智慧與經驗，是豐富現在未來的寶貴財產。鼓勵老人

參與社會活動，像是宗教、老人教育、老人義工、老人俱樂部等，滿足它的精神生活。結合民間資源，協助老人運用社會資源。

老人容易感覺疲勞、寂寞、悲哀，因身體多病，體力耗失快、無助、缺乏安全、對變化敏感、活動退縮、家庭親密減少、過度焦慮、緊張、擔心等危機。因此六十五歲以上的人，自殺率較一般人的平均值為高；女性企圖自殺高於男性，致死率男性高於女性。老人危機的範圍，包括有下列：

表 9-1　個體衰老現象的表徵

項目	內涵
生理上	身體健康醫療、生活及休閒、面臨死亡的恐懼。
心理上	心理與精神狀態的變化，情緒壓力調適等。
人際上	社會角色與人際互動變化減少。人際不確定嚴重影響生活。
經濟上	經濟來源與所得的變化。依賴老人年金、保險、儲蓄等生活。
法律上	勞基法規定強制退休、退休震盪。遺產、捐贈分配等困擾。
社會上	缺乏適當的住宅環境與交通工具。社會調適問題多。
功能上	能力上受限制，無法發揮某些該做的事情。
宗教上	心靈信仰的體驗及行為。虛度一生或活得充實榮歸天國。

（資料來源：作者整理）

社會學家哈威格斯特（Robert Havighurst）認為一個人在社會中的角色，可以反映一個人的日常人際關係，以及反映個人在社會的地位和職責。他由此而認為，決定高齡社會學存在的癥結就在於老年人的社會機能（Social Competence）的減少，其過程和效果就是研究的對象。老年人必須面對的問題：

第一，適應健康和身體衰退的問題。

第二，適應退休和收入減少的問題。

第三，適應配偶去世後孤獨的問題。

第四，與同年齡的老年人建立友誼。

第五，適應新社會角色規範的問題。

第六，找到合適的安養環境的問題。

　　老年人有他們在社會上轉變角色時所遭遇的調適，持續理論認為高齡者對於已經失去的社會角色，會想要以類似的角色型態去取代，持續地去維持與現行社會適應的模式，以這個理論來說，高齡者的生活及角色的確會改變，但是高齡者本身會企圖以替代的活動去穩定心理上的需求，以求得心靈上的肯定。由以上的理論模式我們可以很清楚地看到老年生活在身體與心理層面的改變，甚至於角色的改變，而這些改變也常會帶給高齡者許多衝擊，所以高齡者心理上的建設也就變得異常重要。老年社會學的學科就是因此應運而生的，老年心理學也是由此而生。兩門的學科都以老人對社會和他人的互動為目標，藉以了解老人的情況。其實上面六點問題所集中的是一個值得特別注意的老年現象：依賴性（dependency），老年人的依賴性最主要的有三方面：

表 9-2　老人的社會依賴

重點	內涵
身心上的依賴	由於身體健康的衰退或配偶親人的相繼去世，老年人依賴於他人的程度也會增加。這並不是說所有的老年人都真的需要依靠別人而維生，而是一種心理上的恐懼，恐懼被人所遺棄，恐懼無人可依靠。
經濟上的依賴	大多數的老年人是退休人員，收入來源縮小，收入減少，因此常常會恐懼積蓄可能不夠用的問題，也害怕社會安全輔助津貼不夠或甚至停止的問題。
精神上的依賴	人類年紀越大就越需要精神寄託與心靈的歸宿。這種精神上的需要，最好的解決辦法就是宗教信仰，並參與宗教活動。

（資料來源：作者整理）

　　隨著年齡的增長，老年人生理功能老化較易由其外表或器官功能表現出來；但大多數家庭成員對老年人心理上的變化較常忽略，有時候某些老年人的心理障礙反而被當作是一種老化的表徵，也往往使得老年人「無疾而終」。事實上，個體心理上最容易遭受傷害的時期就在老年期，由於年齡老邁必然使得老年人由家庭的核心而旁落成為家庭的負擔，再加上喪偶、子女婚後別離以及摯友的生離死別，更使得年老人常存有不安、憂鬱、無助、孤獨、頑固以及猜忌等不健康的心理狀態，這些更加促使老年人衍

生生理上的不健康。因此，在日常生活中，我們更應該多注意老年人在情緒上的變化，以便能夠早期偵測出潛在性的生理障礙；反之，亦必須由某些特異性的生理疾病，來推斷老年人的不健康心理狀態。老年人不僅擔心自己的健康問題，更擔心晚年或許會失去親人的關懷、照顧及體貼，甚至某些老年人對於子女生活、工作、婚姻更是額外的憂心忡忡。事實上，老化使得個體器官功能逐漸衰退，如動作緩慢、關節酸痛、耳聾眼花以及記憶衰減，而使得老年人有被人「瞧不起」的感覺；因此，也難免使得老年人「意志消沉」而缺乏進取的勇氣。為克服老年人的心理帶來的困擾，由學校教育或照顧機構開始，協調結合家庭、社區整體資源與人力，心理衛生、醫護人員、警政、法律、甚至宗教人士，共同組成危機防治團隊，較多的觀點、較優秀的人才、較多量的資源，形成防治網絡（Network），商議訂定政策、方案、辦法（policies, program, practice），包括事前預防（prevention）、危機處置（intervention）、及照顧處置（postvention）可更有效應對危機。

貳、老人所需要的照顧

　　從「撤退理論（Disengagement）」隨著老人健康與體力的衰退，變得愈來愈少參與組織化的社會結構，逐漸退出社交生活。但是撤退的形成並不是老年人單方面的活動，而是老年人本身和社會大眾雙方面的撤退。以老人本身來說，由於無法適應現存社會中的角色、人際關係、價值體系等，唯有採取撤退的策略來保護自己，才符合老化過程中的內在成長，始能得到以自我為中心的成熟與滿足。另從社會觀點而言，認為老人已無力對社會有所貢獻，便須退出社會，讓年輕人取而代之，以維持社會體系的延續。簡要地說，本理論認為老人的退休生涯應平靜地接受撤離的事實。老人社會角色的喪失，乃是人類個體生命週期的必然循環過程，是其老化過程中必然的結果，並認為適量的減少社會互動是達成心理與社會調適的重要途徑。老人的危機處置採取三級預防：

表 9-3　老人之危機處置三級預防

級別	重點	內涵
第一級	平時未雨綢繆，關懷照顧老人	注意其生活起居作息，舉辦活動、教育、研習、訓練、組織，預防老人困擾問題產生。
第二級	早期發現危機，早期治療照顧	危機發生即時介入處置，避免蔓延惡化。協助應對急難，必要時介入處置，提供支持協談，避免孤單。
第三級	醫療或復健，以避免成為痼疾	提供身、心、靈的復建措施。例如復建老人活動，互相輪流鼓勵安慰，追蹤聯繫服務，互助合作。

（資料來源：作者整理）

　　面對老人需求的多樣性，包括在心理上、生活上、經濟上所需的援助不是只靠政府與民間慈善單位就能夠解決的，政府單位的經費有限，因此一定要靠自己社區中的人，有錢出錢、有力出力，再加上政府所能給予的幫助，才能夠建立起一套完整照護體系。老人各項照顧詳述如下：

表 9-4　老人所需要的照顧

重點	內涵
身體上的照顧	即料理被照顧者的日常生活，如餵飯、洗碗、清理大小便及翻身、拍背等護理工作。此類受照顧者大都為行動不便臥病在床的老人或身心障礙者，最需付出時間與耐心，且其困難度極高，所以照顧者的壓力大、負擔大，沒有親身照顧的人難以體會，因此若無適當支持與鼓勵，照顧者極易折損、流失。
心理上的照顧	老人多半已自我退縮在社會的角落，很少和社會接觸，人際關係被動，照顧者是他們唯一接觸者，因此照顧者對他們的互動情感，是他們最想念的，也是最開心的，所以照顧者提供心理支持與情緒紓解，可以減少獨居老人社會的疏離與冷漠，讓獨居老人覺得社會仍有溫情的感受。
家事上的照顧	社區照顧對象大都為老人或身心障礙者，因此可陪同照顧者外出、就醫、協助打掃環境或代為購物、書寫信件、繳納稅單或各種費用（水電費、瓦斯費）等，這些事務性的工作看似瑣碎，但對被照顧者而言，卻很重要，如果無人協助，其生活即產生不便與困擾，如老人常常因行動不便或「忘了」繳水電費，而造成被斷水斷電的後果。
社區生活關懷	此種社區關懷屬較間接性，如一句問候、一個微笑、一個禱告，或為這些被照顧者申請福利、募款等。人雖然年紀越大，性格越趨向兩極化，但事實上不論哪一類型性格的老人，其所表現的都只是一個共同心願，就是希望獲得親友、鄰居的關懷及社會的溫暖與尊重，這是目前老人普遍性與迫切性需求，而且也是整個關懷工作中最易做到，所以推動方案必須以此為起點出發。

（資料來源：作者整理）

　　高齡者參與志願服務工作，將有助於提升自我價值感，並維持與社會的連結感，同時也藉此培養終身學習的理念，進而營造有尊嚴且自我實現的晚年生活，如此便可促使高齡者健康老化。

　　Robert（1990）提出危機協談調適的方法：

表 9-5　老人之危機協談調適的方法

重點	內涵
與老人心理的接觸	溝通、接納、支持、積極傾聽、同理、體會、安慰、尊重、具體。語言及非語言的接觸。重視心情的了解，鬱悶的紓解。
協助檢查困擾層面	了解事件的前因、以往如何因應、威脅的程度，以及危機引起的難題、困擾的層面等。傾聽言語暢通的情形，驚恐及害怕的程度可判斷有無緊急危機及應對的經驗，運用資源協助減輕或消除困擾。
探討可能解決對策	探討可能的對策是協談服務中最重要的，老人積極的合作是處置危機的動力，列出可行的一些活動及時間，有用的方法、人物及資源將有利困擾的解決，有時耐心、智慧及幽默也可化解危機。
協助採取具體行動	用心的照顧。先從老人會做、能做、想做的事做起，容易及馬上有效果的可先做，尊重老人自己最有利決定。多運用社會資源。
繼續關懷照顧聯絡	必要時可請老人及其家屬主動談談其最近的進展，若已恢復也可進而請其協助聯絡其他危機中的老人，形成一互相聯絡照顧網絡，協談諮商技巧的學習、訓練、在職訓練或個案研討、評量研究、統計改善，都有助於老人協談照顧服務的發展。

（資料來源：作者整理）

　　老年人許多危機是可以預防的，如果能保持高度敏銳觸角及觀察，就能發現老人們在危機出現之前已向我們發出不少實際的求助訊號了。因此，除了提供輔導外，亦需察知到長者的身心健康、生活環境、社會經濟需要等而提供幫助。

參、老年人的社會參與

在工業化社會之下，強迫退休制度的實施，致使高齡者從工作職務撤離後，較難再扮演生產者的角色，由於占有自我大部分生命歷程的職業不僅是一種肯定自我具有勞動力的方式，也是許多家庭維繫的基礎，其主要工作角色更建構了個人的身分和社會的地位，更是生活目標、自我認同與生活意義的主要來源。因此，工作角色的喪失容易造成了高齡者與社會的疏離，而使高齡者產生負面的情緒氣氛。

許多老人在家庭與社區中，是積極的成員，他們可能是照顧者、志工，有些人則持續的在到了傳統退休年齡後尋找有給工作的就業第二春，較佳的健康與收入使許多老人能享有運動、藝術與旅遊等類型的休閒活動。可預期的是：在這些領域裡，老人將變成一個日益重要的消費者市場。從有給工作退休後，許多老人可以因此而解脫家庭與財務的責任。因為他們有更多時間接受教育、追求休閒、從事娛樂，以及展開文化活動與志工服務。人們對於退休將有更多的期待，也將尋求有品質的生活風格。

「老人社會參與」包含了兩項，一是人際關係參與，包括與他人的訊息交流及情感維繫；二是具備生產力，此項則不受限於給薪工作，亦包括自我打理生活起居、為他人服務等活動。簡言之，活躍的社會參與度包括與人接觸、處理事務、資訊交換、情緒支持和直接協助；生產活動則指的是從事有社會價值（Social Value）的活動，不論是給薪與否。老人社區照顧的服務需求十分多面，應包括文書服務、精神關懷、陪同就醫、家事服務、社區教育、福利問題解決、休閒安排等。

從「社會活動理論（Social Activity Theory）」角度說明老年人成功的適應，及成功的老化的老年社會學理論之一。主要論點認為老人雖然面臨生理、健康狀況的改變，但與中年期一樣，有活動的心理性和社會性需求，並主張高度的活動可為老人帶來滿意的生活。這是由於活動可提供個人的角色支持，因而重新確認自我概念，而正向的自我概念可提升晚年士氣，帶來高度的生活滿意。由此觀之，退休老人應積極地參與社會活動並維持

社會關係，並延續中年期的種種活動和交際，以增進生活的適應，獲致晚年的幸福感。一般老年人退休後所困擾的是空間時間太多，不知道如何打發老年歲月，老人退休後更須積極外出活動與他人一起休閒娛樂，不可以待在家裡內睡覺或無所事事，否則可能閒出毛病也說不定。如何應用老年時光，充實自己的生活，休閒娛樂卻是老人應該重視而積極去參與或活動，這樣才能保障老年生活多采多姿、更有意義。

　　社會活動理論稱，如果老人們更積極地參與社會活動，他們的生活將過得更為滿意。老人們如何想像自己，是基於各種社會角色或所從事之活動考慮自己之社會參與。社會如何界定老人，就是根據所從事的活動，根據老人們所參與的活動。認為多數人在老年時期，繼續他們在中年期就已建立之社會職務與角色，從事生活與社會活動，因為他們在實際生活上有同樣的需要與價值。隨著人口高齡化和社會經濟的發展，養老的內容與安養水準將會發生變化，這在人口高齡化過程中妥善制定養老政策是非常必要的。

表 9-6　政府對老年人的福利政策特色

項目			內涵
機構式照顧	住宿服務		公費安養服務、老人公寓
	醫護服務	保健醫療	老年人口越來越多，相對的醫療保健也變得非常的重要。我國於二○○七年由政府發布《老人健康檢查保健服務及追蹤服務準則》，這些都是政府針對老人福利政策中有關老人保健的一部分措施。
		醫療費用優待	凡滿六十五歲的老人皆可到衛生所接受免費健康醫療保健，年滿七十歲（以上）者即可享有醫院醫療費用的優待。
	復健服務	老人復健	老人復建的處方原則必須了解老人功能障礙的原因，再做適當的處置，為了老人醫療照顧中使老人有更好的生活與功能，老人復健扮演一個相當重要的角色，比如設計適合老年人的體能與運動、物理治療、語言治療、心理治療、社工輔導和環境適應等。老人復健最重要的原則包括避免失能、保留功能與自主獨立的生活等。

		社區老人 復健	醫療服務與預防保健為臨床醫療照顧一體的兩面，老年人之醫療服務與預防醫療服務保健均屬臨床照顧一環，生病的老人除了醫療院所住院、急診、門診及後續的復健治療外，尚需有更進一步的「長期照護」的設計與安排，其內容包括醫療、護理、社工、復健、營養、藥事、活動、管理、聯繫等具專業素養的相關從業人員組成的照護團隊來執行。這種相當費時、費心、費力的整合性工作，並結合居家照顧的資源，構成一個社區老人復健最佳的照護系統。無論哪一個國家，所有之老人均須面臨人生之四大痛苦：生、老、病、死的重大課題。
	生活照顧 服務	家務助理	家務助理服務是為缺乏自我照顧能力的老人提供個人護理、護送服務（如到醫院看病）、洗衣及家務管理等。
		在宅服務	凡滿六十歲以上行動不便者且缺乏人照顧者可以向鄉鎮區公所申請。
	膳食服務		高齡化社會的到來，將會突顯老年人口慢性病況、健康功能不良，照護的需求不斷的擴大，如此，必加大長期照護將面臨許多有關老人在個人、生活、精神支柱、活動、健康醫療照顧、經濟安全等照護相關的問題。其中營養的問題較為廣泛，但易遭到忽略。
	日間照顧 服務		協助老年人安排日常生活，提供具適當之休閒、體能、教育及社交服務活動，幫助家庭照顧老年人，以激發老年人的生命力，增加社會適應能力。
	社交活動 服務	宗教聚會 活動	如參與教會中的長青團契，定期團契聚會、探訪關懷活動，除了可以使身體功能得到維持，更藉由弟兄姊妹的關心，建立人際之間良好的關係。
		團體聯誼 活動	如長青會旅遊、卡拉 OK、自強活動、退休人員協會等，經由舉辦旅遊及休閒活動協助調劑身心，增進健康。
	家屬教育 服務		老年人因老化的影響，在生理、心理及社會各方面都有著不同於一般族群的獨特照護方式；老年人口的急遽增加，使得老年人的照護問題一開始受到政府醫療、社會福利等部門的重視。老年專科護理人員除了能對老年人的照護有整體的概念，對於政府、社會所能提供的資料亦要有適當的了解，才能適切的提供老年病患及家屬所需的幫助。
教育及 休閒設施	設置教育 機構		利用老人文康活動中心或其設立長青學苑，學習項目包括語文、書法、繪畫、音樂、運動、衛生保健等項目。

	老人休閒育樂活動	為了充實老人精神生活、提倡正當休閒活動、推動老人福利服務，設立老人文康活動中心。以增強規劃銀髮生涯的能力及相關法令、福利的瞭解，以協助心理、生理及社會的適應。
中低收入老人醫療費用補助		自一九九五年實施全民健康保險，已提供全民醫療保健服務，為降低低收入戶就醫時之經濟障礙，對於其應自行負擔保險費、醫療費用，由政府予以補助；至中低收入年滿七十歲以上老人之保險費亦由政府全額補助。
經濟安全		為照顧未接受機構安置之中低收入戶老人生活，每月平均補助每人生活費用。依各縣市，有不同的申請方法及發放金額。金錢雖不能買到快樂，但至少可以為老年人保留一點自尊，並且可以減少子女的經濟負擔。
優惠福利		凡滿六十五歲者均可享有半價優惠乘車。

（資料來源：作者整理）

人口高齡化不同於其他社會現象，它不是驟然到來的，人口年齡結構轉變為老年型需要經過一定的發展階段，而且人口高齡化的發展趨勢是可以比較準確地預測到的，因而它對老年人供養水準的影響程度也是可以預測到的。因此，我們是有時間來做好各方面的準備的，關鍵是如何採取措施才能使老年人的安養得到切實的保障並達到一定的水準。借鑑日本回應高齡社會採行的策略特色為：

表 9-7 高齡社會採行的策略特色

項目	內涵
建立明確政策目標	雖然政策名稱有所改變，方案財源有所調整，但「居家優先」及「照護機構朝小型發展」策略一直是各方案一貫的政策目標。
擴充服務供給內容	原「黃金計畫」對服務人力的培訓著重於居家服務員，而「新黃金計畫」不僅修正原「黃金計畫」各項服務目標值，並漸將其他專業人力納入，擴充原有服務供給項目，滿足高齡社會多元的健康照護需求。
著重醫療邁向福祉	政策除了積極回應健康及照護需求外，新黃金計畫亦強調老人及一般民眾的社會參與，並推動各項高齡者培養生命意義與維護健康的示範計畫，推展「健康老化」創新概念。
穩定社會保險方向	在「黃金計畫」及「新黃金計畫」運作的同時，日本政府相關部會亦積極研議各項社會保障方案與長期照護方案的銜接與競合問題，最後決議調整原有的社會保障體系，新增以社會保險為基礎的「公共介護保險」制度。

（資料來源：作者整理）

肆、銀髮產業蓬勃發展

幫助老人增強個人能力，預防生理或心理上的迅速退化，例如：老人體能運動協助、營養指導、心理調適輔導等，能促使老人身心健康。提供實際經驗作為有關機關單位參考。社會工作員從其實際工作心得、老人福利政策、措施的得失，提供有關機關單位作為修正、頒訂政策、改善措施等參考。

表 9-8　老年人的需求

項目	內容
經濟的保障	老人希望在物質上獲得滿足。
家庭的安定	老人希望能有個固定的住處、家庭生活安定和良好的家庭關係。
教育的機會	老人們因為工作機會少、時常無所事事、一個人太無聊，希望能有個教育機會能讓他們吸取一些知識還有觀念，不但可以減少他們無聊時間，而且還可以促使老人適應其生活。
健康的需求	醫療、衛生與營養的保障：年老病痛多，所以營養和保健對老年們很重要，老人希望能獲得醫療衛生保健營養各方面的協助與指導。
文化的機會	可以促使老人生活環境上的適應。
信仰的需求	滿足老人精神上的需求。
互動的機會	老人期望增加社會上互動機會，因為退休後沒工作，人際關係也會隨之減少，同時家庭結構也會跟著改變，導致家庭成員的互動減少，就容易產生身心疾病。
職業的寄託	老人退休後，仍然有很多人認為自己身體還不錯，想找份固定工作，以證明自己在社會上仍然是個有用的人。

（資料來源：作者整理）

無論族群、階級、性別關係或生理、心理、社會的特質，老人的異質性將逐漸提高，因而我們無法將所有六十五歲以上的人，視為一個同質性的群體。通常在處理高齡案主的過程中，專業社會工作者往往會運用不同的個案理論和老人做互動。這些不同理論都有它獨特的信念和著重點，一方面從不同的專業及學理演繹修改及融合而成為一套社會工作專業知識。社會工作專業知識包含兩大類：

表 9-9　老年社會工作專業知識

項目	內涵
用以解釋的知識	主要是在個案專業評估時使社工人員已明白到案主問題所在及和其他相關變相的動力關係。
用以介入的知識	主要是在個案處理的時候輔助社工人員一些工作手法上的技巧和指引，以方便使社工人員能有效地幫助高齡案主們解決其困難問題所在。

（資料來源：作者整理）

　　未來老人將累積更多的經濟、文化和社會資本，因而更有能力照顧自己。老人參與文化教育活動就是成人文化教育的延長，含有終身學習終身參與的意義。俗話說：「活到老、學到老」，人類一輩子沒有辦法與教育和文化隔離的。重視老人的文化與教育可以說是充實老人精神生活最具體而最有效的一種途徑，因此先進國家為鼓勵老人參與教育文化活動而實施與學校性質相同的各種老人文教機構活動，如老人大學、老人俱樂部等。

　　「馬德里國際高齡行動計畫二○○二」確定了今後行動的重點領域，主要是有三大領域，並針對每一項重要工作，提出目標以及具體的行動策略：

表 9-10　國際高齡行動計畫

項目	內涵
高齡化世界的發展	1.老年人在社會及發展中的參與問題； 2.勞動力老化問題； 3.農村地區的發展、移民及城市化問題； 4.老年人參與學習、受教育及接受培訓問題； 5.代間關係問題； 6.消除貧窮問題； 7.收入和社會保障問題； 8.老年人在緊急／災害狀態下遇到的問題。
促進老年人的健康	1.終身健康和精神健康； 2.醫療服務問題； 3.後天免疫缺乏症候群問題； 4.醫護人員的培訓問題； 5.心理健康； 6.老年期身心障礙問題；

改善社會及支持性環境	1.住宅與生活環境； 2.照顧問題； 3.對老年人歧視和暴力問題； 4.社會對老年人所持態度。

（資料來源：作者整理）

由於高齡社會降臨，未來臺灣的銀髮商機，正趁勢崛起，最夯的商機，包括：出遊、代步、健檢、照護、陪伴、美觀等六大項。美國學者蒲其斯（E. W. Burgess）分析高齡所面臨的問題，乃是工業革命後的社會趨勢所造成的，可分為六項：

表 9-11　高齡面臨的問題

項目	內涵
生產由家庭轉移到工廠	在農業社會裡，家庭是最主要的生產單位，工業化使生產撤離家庭，轉入工廠，於是生產工作和家庭分道揚鑣。我國一直是父系父權社會，年長的男性，為一家之主，現在貶為家外生產機構的雇員，權威陡降。
生活由鄉村轉變為都市	自工業革命後，都市化（Urbanization）變為一種世界性趨勢，鄉村青年人口湧入都市，剩下中老年人困守田園。而都市生活競爭激烈，人際關係非常冷漠，上了年紀的人，競爭不過年輕人，成為時代的落伍者，孤單落寞，缺少人情的溫暖，愈老愈淒涼。
大家庭為小家庭所取代	生產自家庭撤離，人口離鄉入城，此二者為造成大家庭迅速崩潰的主要原因，代之而起的是夫妻與未成年子女所組成的小家庭，無老年人容身之餘地。
大規模的機構普遍出現	此種現象名曰「科層制」（Bureaucracy），即是依功能分「科」，按權威分「層」的組織方式，用人唯才，講求效率，重視創新，年輕人成為時代的寵兒，年老者便被打入冷宮，成為時代的渣滓。
自動化生產使間暇增多	工業革命後，生活物品由機器自動大量生產，造成工人失業，而年老者工作效率較低，易遭淘汰，又不能像年輕人那樣很快學習新技術，失業之後，便很難再就業，故其遭遇甚慘。
生活的改進和壽命延長	由於科技和醫藥的進步，公共衛生的改進，生活水準的提高，個人平均壽命顯著延長，於是過完工作年齡（Working Years）的人數日益加多，形成老年的依賴問題。

（資料來源：作者整理）

　　臺灣已步入高齡化社會，在國人之健康生活充足、平均壽命延長之情形下，六十五歲以上老人退休之後的生活安排，顯得格外重要。除了部分老人投入再就業市場之外，隨著年齡的增長，適合老人的休閒、文康活動也與年輕時不同，且老人對於提升精神生活的重視度也益加提高，故對於老人精神生活的充實將著重益智性、教育性、欣賞性、運動性並兼顧動、靜態性質活動，以增進老人生活的適應及生命的豐富性。除此之外，教育老人接受自己老化的事實，及教育社會大眾接受生活自理缺損的老人亦為重要的課題。由於高齡者健康較差，體力日衰，就近生活與學習是高齡者普遍需求，考量高齡者身心的特殊需求，建構一個適合高齡者生活、學習及養老的場所是未來的重點工作。將來若能實施「社區學校」，把社區當作一所學校來辦理，讓學習環境更貼近高齡者的居住場所，應是最適合高齡者需求的一種設計，有待大家來共同努力。

　　隨著老年人口的增加，應該要開始注重老年人的生活品質，老年人由於身體機能的衰退與老化引起一些疾病的侵襲，而透過適當的運動能提高身體各部分機能，並能增加抵抗力也可以減少肥胖、高血壓和糖尿病等慢性病的罹病率，並可藉著參與活動提升老年人的心理舒適歸屬感，讓生活更健康。

表 9-12　高齡行動計畫

項目	內涵	推動實例	
長青學苑	為滿足老人求知成長的需求，利用老人文康中心或其他合適場所設立長青學苑，提供老人再充實、再教育機會，並擴大其生活層面。學習項目可包括多元性課程，以協助老人再成長，並適應變遷中的社會環境。	休閒性	國畫班、書法班、歌唱班、健身班
		學習性	識字班、國語班、英語班、日語班
		常識性	醫療保健常識班、法律常識班
		社會性	親職教育、兩性教育、婚姻與家庭
休閒活動	休閒運動可以使老年人擁有健康的身體、良好的人際互動社交以及自信心，而規律的休閒運動將使老年人因為生活方式改變帶來許多正面的影響。現今社會講求的是休	身體性	健康操、散步、登山、健行
		益智性	園藝、釣魚、下棋

	閒化的人生,在鼓勵老年參與,增添生活情趣,可依據能力,來規劃屬於自己縣市的老人休閒活動,也可舉辦敬老活動、運動會、槌球比賽、老人歌唱比賽等。	宗教性	信教、宗教活動、慈善活動
		社會性	義工、法律諮詢、財稅服務
老人福利服務中心	為充實老人精神生活、提倡正當休閒聯誼、推動老人福利服務工作,興設老人文康活動中心,並逐年補助其充實內部設施設備,以作為辦理各項老人活動暨提供福利服務之場所。	老人文康活動中心,提供老人休閒、康樂、文藝、技藝、進修及聯誼活動。老人文康活動中心也成為福利服務提供的重要據點,辦理日間照顧、長青學苑、營養餐飲、居家服務支援中心等。	
優待措施	老人搭乘國內交通工具、進入康樂場所及參觀文教設施,予以半價優待,俾鼓勵老人多方參與戶外活動,以利身心健康。		

（資料來源：作者整理）

表 9-13　銀髮產業蓬勃發展

產業項目	內涵
製造產業	機器人、穿戴裝置、製造系統
科技產業	貼心手機、衛生保健、入口網站、健康雲
服務產業	養生藥膳、生機飲食、穿戴服飾、宅配物流、養生村
建築產業	智慧建築
交通產業	電動車輛
醫療產業	微型整形、復健設施、照顧系統
心靈產業	陪伴寵物、社群網站、感測儀器
就業產業	彈性工時、諮詢顧問
理財產業	退休金規劃、財務信託

（資料來源：作者整理）

結語

　　人一到晚年,人的社會角色就會變化,所以就有自我調適和社會參與的困難,而且可能會因此而逐漸孤立。高齡者也確有面對自我和面對社會的雙重困難。鼓勵老人社會參與不僅提供老人活動及發揮的空間、消磨空

閒的時間，更增加社會上可茲利用的人力資源，讓老人不再是刻板印象中的依賴人口及社會的負擔。「人口老化」的問題當然不只局限於我國，這不單是「數字在增加」的問題。針對老年者可能趨向的生活困難和孤立提供協助，使人到晚年可以再社會化，以讓老年人能適應新的生活，甚至覺得人生更有意義，已成為社會的當代任務。這也是一個契機，讓人通過照顧高齡人士，重新檢討該如何看待人生與社會。

第十章 老年人的社會保障

前言

　　為引起各國對人口高齡化趨勢的重視，一九九〇年十二月十四日聯合國大會通過決議，決定從一九九一年起每年的十月一日為「國際老年人日」。一九九二年，聯合國大會通過《世界高齡宣言》，並決定將一九九九年定為「國際老年人年」。二〇〇二年，第二次高齡化問題世界大會通過了《馬德里高齡問題國際行動計畫》，以回應二十一世紀人口高齡化帶來的機遇和挑戰，促進多年齡社會的發展。二〇一二年是《馬德里高齡問題國際行動計畫》通過十周年紀念日，為了彰顯這一即將到來的里程碑，國際老年人日的主題是「長壽：塑造未來」。

　　社會保障是國家為保持經濟發展和社會穩定，對公民在年老、疾病、身障、失業、遭遇災害、面臨生活困難等情況下，由政府或社會依法給予公民物質上的幫助，以保障其基本生活需要的制度。在快速高齡化的背景下，我國老年人的社會保障正日益成為重大的社會問題。

壹、老人生活權益的保障

　　我國俗諺：「人生七十古來稀」，以往個人平均壽命，未及於五十歲。致壽登耄耋者，稀若鳳毛麟角。能活到一百歲，則稱之「人瑞」，意為人間罕見的祥徵。由於老人極少，又處靜態的農業社會，對老人特表敬重。隨著時勢推移，高齡長者快速增加，人口高齡化對社會的衝擊與影響是全面性的，包括政治、經濟、文化、制度及教育均牽涉其中。現代社會中老年問題已不再是個人問題，也不再是局限於家庭問題。社會總人口中老年人口比例的增長，勞動力市場的建立和完善，家庭規模的縮小和人口流動的加劇，社會政治體制的發展和變革，意識型態的變化，這一系列社會因素推動了老年問題發展，成為現代國家必須干預的一個社會問題。社會保障程度與國家的經濟發展狀況和社會的文明程度休戚相關，社會保障程度越

高，不僅越能體現「老有所學、老有所用」的社會價值，更能發揮「老有所安、老有所尊」的社會福祉。

高齡化對老年人供養的最直接的影響是老年人的經濟供養年限延長，雖然有一部分老年人仍然為社會創造價值，但絕大部分屬於消費人口，而且有關機構仍要為部分繼續參加工作的老年人支付養老金和醫療費用。在進入老年以前積累的養老費用，在一般情況下，無論是何種養老方式，其供養水準與供養年限都是成反比的。高齡化對老年人供養的另一個重要影響是老年人生活自理能力下降、患病率提高使醫療護理費用增加和生活照料時間延長。

在老化過程裡，心理與社會層面都會顯現其特徵，個人與其環境的互動，而且也包括態度、價值、信仰、社會角色、自我意象，以及適應老化等主題。

我國人口結構正在迅速高齡化，目前正由「高齡化社會」邁向「高齡社會」。隨著老年人口的增長，高齡老人的增加，老年人的社會保障成為二

表 10-1　高齡者老化現象

項目	內容	原因
老人生理	老人生理機能常出現視力、聽力、精力與記憶力減退，以及其他因老化而引起的疾病，例如：關節炎、高血壓、心臟病、中風與習慣性呼吸困難等，這些生理老化可能降低老人的適應能力，也需要生活方式的改變。	身體更新或補充自我能力下降的原因、身體老化的生理影響，以及預防、處置或補償因生理老化造成或與之相關的條件。
老人心理	有些老人需要依靠子女或他人扶養與照顧，因此，經常覺得喪失自尊心，或心理感到惶恐、孤寂。	在感覺中樞過程、認知、協調、精神能力、人類發展、人格，以及克服困難能力，因為它們都受到老化的影響。
老人社會	有些老人則因失去社會角色與地位而感覺被社會遺忘或遺棄，精神十分苦悶與消沉。	個人老化發生的社會特性、社會對其老化個人的影響，以及老化個人對其社會所造成的衝擊。

（資料來源：作者整理）

十一世紀的一個重大社會課題。當代公民權的主張與運用，改變了現代福利國家的理論基礎，在老人保障政策上，更強調個人責任和民間機構的服務。人權是普世化的，每人都應有公民、政治、經濟、社會和文化的權利。老年人的人權在「世界人權宣言」、各項國際公約和其他多項國際公約和宣言中，都有明確的規範。老人的人權議題，包括下列幾項獨立、個別和相關的議題：

第一，應有權利享受基本的民生保障，包括足夠的食物、居所和衣著。

第二，應能夠享受社會所提供的生存保障，如安全、救助和人身保護。

第三，免受岐視，不因年齡在就業、居住、醫療和社會服務中被歧視。

第四，應有權利獲得社會所提供的醫療保健服務，以維持身體的健康。

第五，應有權利受到社會的尊重，不受忽視或任何肢體和精神的虐待。

第六，對於參與政治、經濟、社會和文化活動，應該受到保障及維護。

第七，應有充分保障，能有效和全面的參與關於本身福祉事務的決定。

在這個時間不斷流動、人類不斷老化的時代，我們終將走向高齡的階段，然而在面對充滿不確定性、不穩定性、不連續性的未來時，我們又該如何面對這股擋不住的浪潮呢？高齡化的現象發展至今日，隨著國人平均壽命提高，高齡者的議題愈受重視。現代老人的生活需求逐漸呈現下列多種趨勢：

表 10-2　老人的生活需求趨勢

項目	內涵
多元性	生活水準的提升擴大了老人對食、衣、住、行、育、樂等各方面的需求，而且對生活品質的要求也日益嚴苛。
保障性	老後生活最重要的課題就是安全，所以凡屬風險防衛的商品老人都有需求，例如，保險、公債、不動產等經濟安全商品以及補助器材、安全設備、居家護理等保健安全商品等。
適當性	經濟寬裕老人的增加使商品的需求日漸提高，例如，購買健康食品以維護自己的健康、購買穿戴裝置以克服老化困擾。

（資料來源：作者整理）

現代老人已逐漸由義務性消費轉向非義務性消費，由硬體消費轉向軟體消費（如休閒性、交際性、代勞性、資訊性等消費）。

我國人口老化速度遠高於歐美先進國家，加上小家庭結構與工商社會等外在環境的轉變，是以老人福利服務相關需求益形殷切，並讓老人照顧的相關問題備受各界重視。以落實「世界人權宣言」所倡議的「人人皆得享有一切的權利與自由，不得有所區別。人既為社會之一員，自有權享受社會保障，並有權享受個人尊嚴及人格自由發展所必需之經濟、社會及文化各種權利之實現。人人有權享受康樂所需之生活程度，健康與福祉，包括食、衣、住、醫療和必需的社會服務，且於患病、殘廢、寡居、衰老時得受社會安全保障。」

貳、老人社會保障的作為

人口老化現象所引起的問題，已成為各國政府社會福利政策關注的焦點，更突顯老人福利服務需求的重要性。近半世紀來，由於經濟發展及生活水準提高，醫療衛生設備的普及以及醫藥科技的進步，人類壽命也跟著拉長，加上出生率急遽下降等原因形成了人口高齡化現象。高齡社會已是不可避免的趨勢，少子化、高齡化的影響，已逐漸滲透到生活周遭的各種細節裡，衍生出勞動力的減少、扶養負擔的加重、家庭結構及照顧、長期照護與社會保險等諸多問題。如何讓邁入高齡社會的高齡者生活具有意義，讓他們在生活上重新學習，重新認知社會上對他們的需求。為因應高齡化社會，以經濟安全、健康維護、生活照顧三大規劃面向為政策主軸。面對未來人口減少、平均壽命的延長及高齡化社會等問題，除透過社會保險機制外，還須透過商業保險及自己儲蓄才能應付未來人口老化的挑戰。此外，為周全對老人的身心照顧，並就老人保護、心理及社會適應、教育及休閒亦分別推動相關措施。在上述各項老人福利措施中，因應老人人口的照顧與居住安養需求，更積極規劃推動我國長期照顧體系、建立社區照顧關懷據點、提升老人福利機構安養護服務品質及推展行動式老人文康休閒巡迴服務，讓老人均能獲得在地且妥適的照顧服務。

　　由於平均壽命的延長與老年醫學的進步，老人的生理機能已有顯著改變；由於社會價值觀的改變與教育水準的提升，老人的生活價值觀也有很大的變化；由於資產累積的加速與經濟保障制度的充實，老人的經濟能力也已大幅改善。退休生活的主要支出可分為三大項：退休生活費、醫療保健費以及休閒旅遊費，其中以退休生活費和醫療保健費是規劃的重點。退休金的準備可以從「政府的社會保險或救濟」、「企業依勞基法及勞工退休金條例而來的退休金」、「個人儲蓄或投保商業年金保險」等三種方式來籌措。至於醫療費用部分，由於全民健保所提供的僅有基本保障，想要獲得較好的醫療照護，可以藉由商業健康保險來補足。所以，我們在辛苦工作之餘，必須及早為自己提存足夠退休養老金、規劃醫療健康保險及長期看護保險，才能過個踏實寬裕的退休生活。

表 10-3　高齡保障作為

項目		內涵
經濟安全	中低收入老人生活津貼	為保障中低收入老人的基本生活水準，對年滿六十五歲以上，生活困苦無依或子女無力扶養之老人，未接受政府收容安置者，直接提供經濟援助。
	中低收入老人特別照顧津貼	訂定《中低收入老人特別照顧津貼發給辦法》，針對領有中低收入老人生活津貼且未接受機構收容安置、居家服務、未僱用看護（傭）、未領有政府提供之日間照顧服務補助或其他照顧服務補助者，其失能程度經直轄市、縣（市）主管機關指定或委託之評估單位（人員）作日常生活活動功能量表評估為重度以上，且實際由家人照顧。補助家庭照顧者中低收入老人特別照顧津貼。
	敬老福利生活津貼	為落實加強照顧老人生活的政策方向，協助維持老人的經濟安全，實施「敬老福利生活津貼暫行條例」，以照顧老人經濟生活及增進老人福祉。
健康維護	老人預防保健服務	舉辦老人健康檢查及保健服務，並依健康檢查結果及老人意願，提供追蹤服務。
	中低收入老人裝置假牙補助	針對經醫師評估缺牙需裝置活動假牙之列冊低收入戶、領有中低收入老人生活津貼，或經各級政府全額補助收容安置老人，依其裝置假牙類別，提供每人最高一萬五千至四萬元之補助。

	中低收入老人重病住院看護補助	使機構內老人因重病住院期間，能獲得妥善照顧並減輕其經濟負擔。		
生活照顧	居家及社區式照顧	居家服務	為滿足老人居家安養需求，減輕家庭照顧負擔，依服務對象之失能程度核給不同補助額度。	
		日間照顧	日間照顧服務主要提供輕、中度失能、失智老人，定期或不定期往返日間照顧中心，維持並促進其生活自立，消除社會孤立感，延緩功能退化，促進身心健康。	
		營養餐飲	高齡化社會中，生活自理能力隨年齡增長或健康影響而退損，故須提供營養餐食以減少老人炊食之危險及購物之不便。由服務提供單位送餐到家，一方面解決老人炊食問題，一方面讓老人與社會接觸，獲得情緒支持。	
		輔具購買	為利失能者使享有尊嚴、安全、獨立自主生活，各縣市政府補助失能老人購買、租借輔具，及改善居家無障礙環境等。	
		創新服務	家庭托顧	家庭托顧係指照顧服務員於住所內，提供失能老人身體照顧、日常生活照顧與安全性照顧服務，及依失能老人之意願與能力協助參與社區活動。
			交通接送	滿足失能老人就醫與使用長期照顧服務的交通需求，提高各項醫療與服務措施的可近性與運用。
	機構式照顧	整合家庭、民間機構、團體及政府的力量，為老人提供完善的安養、長期照顧等福利服務措施。	補助民間參與老人福利機構之經營	鼓勵民間單位積極興設老人養護、長期照護機構，或輔導安養機構轉型擴大辦理老人長期照顧服務，以滿足國內老人長期照顧的需求，另亦補助機構充實設施設備、服務費及教育訓練等相關經費，強化照顧功能，提升服務品質。
			機構評鑑	加強老人福利機構之監督及輔導，保障老人權益，促進老人福利機構業務發展，提升服務品質。
			老人福利機構會報	加強政府與機構間之溝通聯繫，促進專業人員經驗交流與提升專業素質。
			加強未立案機構輔導	貫徹保障老人就養安全與權益，加強查核、取締工作，並依據《老人福利法》規定處理，對於已停（歇）業者，應將其招牌拆除，如不拆除，應簽報主管機關強制拆除，並應定期清查。

		補助機構 辦理訓練 研習及活 動	專業性訓練包括：「失智專區環境設計研習會」、「失智症老人照顧專業訓練課程計畫」、「老人福利社會工作人員分科分級訓練課程實施計畫」、「老人及身心障礙福利機構管理人員防災專業技能研習班」等。
	建立社區 照顧關懷 據點		促進社區老人身心健康，落實在地老化及社區營造精神，「建立社區照顧關懷據點實施計畫」，結合有意願的社會團體參與設置社區照顧關懷據點，由當地民眾擔任志工，提供關懷訪視、電話問安諮詢及轉介服務、餐飲服務、辦理健康促進活動等，以延緩長者老化速度，發揮社區自助互助照顧功能，並建立連續性之照顧體系。
	失智老人 多元服務 方案		因應失智人口急速增加，為提升照顧品質，並開發更多元與切合需求之服務模式，結合民間單位或老人福利機構規劃辦理，並結合民間單位辦理相關專業訓練課程、實務觀摩、座談及研討會等，提升工作人員專業知能。
老人保護	設置資源 單一窗口		結合警政、衛生、社政、民政及民間力量，定期召開老人保護聯繫會報，以強化老人保護網絡，主動掌握相關資訊及資源，以落實老人保護、安養照顧服務。
	獨居老人 關懷服務		政府部門對獨居老人除提供生活照顧服務、緊急救援連線外，也結合民間資源提供所需關懷服務。
	提供緊急 救援服務		獨居老人安全網之建立，透過醫療系統（生命救援連線）、消防局或警察局（警民連線或安全警鈴）、或由民間團體承辦等方式辦理老人緊急救援工作。
	成立老人 協尋中心		透過教育宣導、配戴預防走失手鍊、協尋通報、後續比對、追蹤服務及社會福利諮詢等整體措施，並結合警政、社政、醫療衛生單位、傳播媒體的力量，有效協助家屬尋找不慎走失的老人。
社會參與	長青學苑		為增進老人退休後生活安排與適應，鼓勵其積極參與社會、充實精神生活，及提升自我實現與自我價值。
	老人福利 服務中心		為充實老人精神生活、提倡正當休閒聯誼、推動老人福利服務工作，鼓勵鄉鎮市區公所興設老人文康活動中心，以作為辦理各項老人活動暨提供福利服務之場所，另為配合老人福利服務需求，老人文康活動中心也成為福利服務提供的重要據點，諸如辦理日間照顧、長青學苑、營養餐飲、居家服務支援中心等。
	老人文康 休閒巡迴 服務		取代定點補助興建老人文康活動中心功能，展現政府為民服務的行動力，擴大服務輸送管道，讓偏遠地區因資訊不足、交通不方便之長輩明瞭政府提供的福利服務，將相關資訊遞送至有需求之家庭，甚至當場提供協助。

（資料來源：作者整理）

　　老化是人生很自然的一個過程，是一種生命延續的歷程，簡言之，就是一個在短時間內人們都難以察覺到變化的過程；老化是一種思想和態度，它可以是一個積極的、有意義的過程，一個充滿希望和魅力的過程。人類只要有生命歷程，就會有老化的經驗。成為高齡者不必然會造成社會的高齡者問題，但若我們不重視老化日漸嚴重的問題，勢必會讓高齡者議題成為對各國產生前所未有的重大挑戰。

參、老人社會保障的挑戰

　　高齡化對醫療照護的需求是非常殷切的，這對社會和家庭造成巨大的壓力，應該建立相應的醫療保障的機制，來面對未來的養老社會，尤其在醫療安養方面的挑戰。另外，源於「預期壽命延長並非是健康增進」，相當比例的長者罹患慢性疾病，生理上須賴外援否則無以自立，形成長期照護

表 10-4　老人社會保障的挑戰

項目	內涵
老人處境	保障老人的生計及收入，已成為各國所關心的重要議題。照顧老人的經濟情況，是關懷老人的一項重點。除此之外尚須瞭解老人的異質性，他們處在不同的情況中，有不同的需求內容，因此發展完善的老人政策，須考量到各種老人族群的差異情況。
社會迷思	高齡社會所面臨一連串與人口老化有關的挑戰，這些挑戰卻經常被看作一種社會與經濟危機，將造成未來世代的負擔。換言之，關注老年人口帶來健康成本增加與收入支持需要的增加，會造成過度負面的、問題取向的人口老化思維，忽視老人對整個社會與經濟福祉的參與，這種看法把老人當作一種社會負擔而非社會資產。
代間關係	家庭是代間關係的第一個且最親密的層面，對每個人而言，家庭是首要資源與最終依靠。而人口發展、文化與社會的變遷，使得家庭面臨了發展代間關係的挑戰與機會。代間關係在高齡者社會保障中應受到重視。
養生保健	推廣養生概念，重視「健康資本」，在保健養生的觀念基礎上，改變個人生活飲食習慣，不僅可以維持健康體態，也有助於減少醫療保健費用支出，畢竟，健康的銀髮族才有助於減輕自己和國家社會的負擔。

（資料來源：作者整理）

的需求節節高漲。爰此，為了應對高齡化帶來的醫療照護，能夠建立一個可以應對未來挑戰的照護服務體制，成為建構高齡社會的重要政策。

退休老人的社會保障即在期望老人有個「計畫性」的退休規劃，思考前瞻性、未來性的生活目標，在退休之前做各種生活面向的準備，包括經濟生活安全、醫療保健、心理和社會適應、再就業和社會性參與活動等課題。由於現代社會的屬性，社區成為長者的生活主要領域，社區係由不同年齡的族群所組成，社區處於新舊科技替換、現代與傳統生活型態交替的過程，可以促進代間的溝通與良好關係的發展。因此宜重視家庭與社區的代間關係發展，其重要性顯現於：避免退休後疏離的發生，肯定老年生命的價值，達成成功的老化。當然整個社會與國家的代間關係亦為重要，社會保險、養老金及相關老人政策的實施，有益於良好代間關係的建立。

面對老年人社會保障，福利國家積極拓展老年社會工作，該專業服務是指應對人口高齡化的各項工作，首先是滿足老年群體需要的各項事宜，這是大量的、非常具體的、立竿見影的工作。但僅僅囿於老年人的工作，就會忽視高齡問題的宏觀規劃，掉落只見樹木不見森林，不能把人口高齡化可能帶來的政治、經濟、社會、文化等影響防範於未然。而且針對高齡化的工作需要在人群結構進入高齡期以前就做好準備，諸如：養老基金的籌措，衛生保健體制，長期照護設施的建設等等。這類工作著眼於人口高齡化，也涉及其他人口，因而老年社會工作絕不僅等於老年期的工作，常常要涉及老年人以外的其他年齡人群，因此需要長期的規劃和持續的改善，如老年安養體系、年金保險體系、福利服務體系、科學研究和人才培養等，是一門實踐性高的整合學科知識。

參研歐盟在二〇一〇年推展「國際老人年」的主題與目標為「邁向不分年齡人人共享的社會」（towards a society for all ages），希望在「國際老人年」期間，能對此形成良好的共識，以促進各種世代間的團結與社會的整體和諧。為具體實現這種理想，特別擬定了四項「概念架構」（conceptual framework）及「行動架構」（operational framework）。以宏觀的角度，達成

經濟的永續發展、就業機會提供、社會融合的促成等三大目標，並訂定行動方案以達到這些目標。

　　社會保障已形成一個完整的安全網，對社會政治、經濟制度的發展起到積極的促進作用。正如同社會福利學者安德森（Gosta Esping-Anderson）強調北歐國家特別是瑞典、丹麥、挪威三國的社會保障模式是福利型的。涵蓋面之寬和福利水準之高，其他國家難以相比。這種從搖籃到墳墓的福利型的社會保障模型，全體居民都可以享受。享受其社會保險和教育、衛生、保健、醫療，以及對老年人、殘障者等特殊群體提供的大量社會服務和治療等社會服務。隨著經濟的發展，人們對生活需求越來越高，人口高齡化嚴重且平均壽命延長；所以，各種保險支出不斷增大。由於實行高福利政策，保障項目過多過濫，待遇水準過高，使企業和國家不堪重負。同時，現代社會內涵的許多方面正在發生重大變化，使社會保障面臨許多新困難，如多種經濟體制、產業結構變化、高齡化程度提高、經濟蕭條、通貨膨脹等等而導致福利開支越來越大，由此財政負擔太重成為突出矛盾。

　　目前世界各發達國家面對特殊問題和需要，「福利計畫」在實際推動越來越遠，特別是用於老年保障制度的財源枯竭或緊迫狀況正在與日俱增，以往那種完全由政府或企業支付養老金的制度正處於「十字路口」徘徊。所以，無論是發達國家還是發展中國家，進行社會保障制度的改革成為大趨勢，並通過改革削減社會福利費，以給經濟增長和就業注入活力。美國學者 Richard Jackson（2002）在其〈全球退休危機（*The Global Retirement Crisis*）〉一文中所預言的，未來數十年以後，歐洲、日本與北美的人口快速老化現象，勢將嚴重衝擊整個世界經濟體制。過去的保險意識是，擔心意外身亡後，全家失去支柱，提供家人的身後保障；但現在活太久也是一種風險。臺灣不婚、無子女的人口愈來愈多，需做好身前保障。借鏡日本為確保對老人的安養照護於一九九四年提出「新黃金計畫」，想利用富裕財政的優勢效做西方來解決高齡問題，興辦特別養護院，以擴整高齡者照護服務項目如下：

表 10-5　高齡者照護服務項目

項目	內涵
居家服務	包括普及二十四小時因應（巡邏型）的居家服務員、促進小型日間服務中心等的設立、強化居家照護支援中心之綜合諮詢以及照護管理（care management）功能、強化充實家醫制度並推展居家醫療，不管是居家或是機構均應站在使用者本位對服務品質進行評估，同時為使每位高齡者均能享有適切的照顧，應加強訂定照護計畫（care plan）。
機構服務	包括擴大特別養護之家寢室面積等、改善機構醫院的療養環境、採取支援措施促進都市地區機構擴整、推動與其他保健福利機構或社區公共設施之複合性利用、擴整並活用空餘的教室。例如針對土地取得不易的都會地區，將老人特別養護之家的規模降低，以促進小型特別養護之家的設立。
復健體系	實施綜合性高齡者自立支援對策（展開新的「零臥床老人」戰略計畫）：內容為加強社區復健實施體系。
失智照顧	實施綜合性失智症老人對策：充實以居家為主的照護服務，如小規模的共同生活場所（團體之家－group homes）。
安養機構	安養中心　針對健康老人自費之老人之家或安養中心。
	養護之家　部分負擔之養護之家或特別照護之養老院：針對需特別養護之老人，如失智症、腦中風後之復健者等。
	專門醫院　專為老人而設之醫療中心或專門醫院。
	短期照顧　日間照顧之托老所及短期留院服務等。
	在宅服務　包括送餐、沐浴、醫療諮詢等。

（資料來源：作者整理）

　　整體而言，其重視與社區結合，多元化服務方式散布日本各地的老年收容與安養機構，為數甚多，依其照顧之需求而有不同之型態，其經營管理單位，有公立、私立，而財團法人經營者則占極大比例。

肆、高齡社會的照護方式

　　醫療技術進步與經濟發展所帶來之平均壽命延長與高齡者人數增加非社會之惡，然而，以核心家庭為主流之家庭結構的改變與女性就業人數增加，卻讓高齡者照護衍生出種種社會問題，如照護長期化、高齡者照護高齡者、高齡者自殺與高齡者受虐等。為建構一個讓高齡者可以安心生活的

環境，日本師法德國，在一九九六年啟動長期照護社會保險制度之建立。
檢視老人福利服務項目內容如下所述：

表 10-6　老人福利服務項目

項目	內涵
醫療保健	包含有保健門診、免費健康檢查、傷病醫療優待、健康檢查、中低收入老人醫療補助及清寒家庭老人重病住院看護費用補助、購置生活輔助器材。
經濟扶助	包含低收入戶老人生活輔助及中（低）收入老人生活津貼及老人生活照顧……等項目。
居家照顧	包括在宅服務，提供家事及文書服務、陪同就醫、生活指導及關懷服務……等服務；居家看護服務，提供諸如心理協談、家屬溝通、居家環境衛生處理、服藥安全與飲食、復健、翻身、叩背和視病況需要作必要處理……等服務，居家護理服務，提供護理服務、居家照護指導及衛生教育等服務；以及日間托老服務，提供簡單護理、餐點、諮詢、交通接送服務及舉辦各項老人文康、娛樂、研習、進修活動。
養護服務	包括公安養、自費安養及療養護服務。
敬老優待	包括半價或免費搭乘公車、參觀社教娛樂設施優待、敬老禮金及敬老季活動……等項目。
文康休閒	包括長春志願服務、長青學苑、輔助興建老人文康中心、推廣老人運動、辦理各項敬老暨文康育樂活動、社區大學。
關懷支持	如各公益團體所開辦的長春懇談專線，提供信函處理、文康活動、訊息提供、法律、醫療保健諮詢、家庭生活協談……等服務。

（資料來源：作者整理）

　　由於老人的生理機能、價值觀、偏好等之特殊性，而有不同的需要，
例如健康維護和經濟穩定的需要就會高於一般人。推動完整性的社區照顧
體系，使獨居老人能受到最鄰近自己的對象照顧、且可在家中接受照顧，
不需住到機構中。需要支援者可接受居家照護服務、社區緊密型服務及照
護預防服務；需要照護者可接受居家照護服務、機構照護服務、社區緊密
型服務、照護預防服務。各項服務內容說明如下：

表 10-7　老人照護類型

項目	內涵
居家照護服務	為使需要照護或支援協助的被保險人可居家接受服務，服務人員如居家照護員（home helper）、護理師等會到府進行必要支援、看護及復健等服務。此外，被保險人亦可到照護機構接受步行、飲食訓練和復健。照護內容有居家照護支援、照護預防支援、訪視照護、訪視沐浴照護、訪視看護、訪視復健、居家療養管理指導（醫師或牙醫師到府診療服務）、日間照護、短期機構入住生活照護、照護用具租賃等。
機構照護服務	對於無法在自家生活的被保險人可入住照護機構，接受生活上的看護或復健以回復原有生活機能。機構照護服務亦提供醫療協助。照護機構有高齡者照護福祉機構、高齡者照護保健機構、高齡者照護療養型保健機構、高齡者照護療養型醫療機構。
社區照護服務	需要照護之高齡者不用入住到照護機構，在其原本熟悉的生活環境中即可接受服務如二十四小時居家巡迴服務、夜間訪視照護、失智症使用者日間照護、小規模多機能型居家照護、失智症使用者共同生活照護、社區特定機構入住者生活照護、社區緊密型照護機構服務等。
照護預防服務	透過高營養的改善、身體及口腔機能之強化、體能訓練等讓高齡者可回復或維持其體力，使日常生活運作無虞。

（資料來源：作者整理）

　　當人有內在的需要時，就會在周遭尋求滿足的事物，這就是外在的需求。內在需要並不絕對等於市場需求，有個人因素和市場因素會影響需要與需求的關係。在各項因素中又有相互的因果關係，所以需求的因素分析是十分複雜的。

　　當消費者需要某種商品時，便會以自己所擁有的知識去認知可購買的商品，如果該商品對自己確有效用（utility），就會產生購買的動機及行動。

表 10-8　老年社會需求因素

項目	區分	內涵
直接因素	個人因素	價值觀念、所得水準、生活樣式及偏好都會影響市場需求。
	市場因素	價格水準、商品品質、行銷技巧及售後服務。
間接因素	社會結構	如社會文化、經濟制度、法律標準等。

（資料來源：作者整理）

　　近年來在老人福利服務供給形式議題的討論上，多數專家學者的論述認為應加強規劃老人居家服務、以社區為基礎的照顧中心或居家護理等相關社區式福利服務、福利社區化的服務模式，以滿足老年人的需求；諸如以社區活動中心為基點展開在宅服務網絡、社區老人醫療福利中心等規劃，即為福利社區化的服務供給內涵，意涵社區式福利服務設計的規劃是為滿足老年人福利需求的較佳供給模式。老人需要的社區照顧分為直接的身體照顧、心理照顧、家事照顧與間接的社區關懷、問候。各項照顧詳述如下：

表 10-9　老人需要的社區照顧

項目	內涵
身體照顧	即料理被照顧者的日常生活，如餵飯、洗碗、清理大小便及翻身、拍背等護理工作。此類受照顧者大都為行動不便臥病在床的老人或身心障礙者，最需付出時間與耐心，且其困難度極高，所以照顧者的壓力大、負擔大，沒有親身照顧的人難以體會，因此若無適當支持與鼓勵，照顧者極易折損、流失。
心理照顧	老人多半已自我退縮在社會的角落，很少和社會接觸，人際關係被動，照顧者是他們唯一接觸者，因此照顧者對他們的互動情感，是他們最想念的，也是最開心的，所以照顧者提供心理支持與情緒紓解，可以減少獨居老人社會的疏離與冷漠，讓獨居老人覺得社會仍有溫情的感受。
家事照顧	社區照顧對象大都為老人或身心障礙者，因此可陪同照顧者外出、就醫、協助打掃環境或代為購物、書寫信件、繳納稅單或各種費用（水電費、瓦斯費）等，這些事務性的工作看似瑣碎，但對被照顧者而言，卻很重要，如果無人協助，其生活即產生不便與困擾，如老人常常因行動不便或「忘了」繳水電費，而造成被斷水斷電的後果。
社區關懷	此種社區關懷屬較間接性，如一句問候、一個微笑、一個禱告，或為這些被照顧者申請福利、募款等。人雖然年紀越大，性格越趨向兩極化，但事實上不論哪一類型性格的老人，其所表現的都只是一個共同心願，就是希望獲得親友、鄰居的關懷及社會的溫暖與尊重，這是目前老人普遍性與迫切性需求，而且也是整個關懷工作中最易做到，所以推動方案必須以此為起點出發。

（資料來源：作者整理）

結語

　　社會保障是國家和全體社會公民基本生活需要和維持勞動力再生產而建立的一種制度。它是每個人在生活中都有安全感的一種安全保護措施。而老年社會保障又是社會保障體系中的重要組成部分，它牽動著國家、社會、家庭和個人所以建立和完善老年社會保障體系，同樣是社會安定和國家長治久安的根本方針。由於不同國家和地區的社會制度、經濟發展水準、傳統風俗和人口高齡化的程度不同，其老年社會保障的模式亦存在一定差異。

　　一個國家社會保障制度或模式是否成功，主要看社會保障水準是否同本國的經濟發展水準相適應，主要表現在是否能給經濟增長注入活力；其次，要不斷提高受保障人的生活水準；再次，社會保障不能制約經濟發展。主要表現在社會保障費用支出過大，基礎上過多，標準過高，也會阻礙生產力的發展，使經濟停滯或發展緩慢。比如一些國家採取高福利政策，使社會福利開支超出了經濟的承受能力，出現了財政危機，外債過多，削弱了它們在國際市場上的競爭力。所以，社會保障中的老年養老保障也必然受經濟發展水準的影響。應鼓勵老人社會參與及志願服務，使已退休的老人勇於面對社會、貢獻己力，不但使老人從中找到樂趣與生活上寄託，對整個社會人力資源的運用上也能有相當助益。

第十一章　老年社會學
　　　　的反思

前言

我們的一生在整個社會結構的位置，一直在改變。每個都是一年齡分級的（age-graded），亦即不同年紀的人，在社會上都有不同的角色、期待、機會、地位及限制。人口高齡化趨勢，在二十世紀是，老年人口的占比持續成長提高，在二十一世紀，這個發展的趨勢，會繼續存在，甚至於更加明顯。現代社會中老年問題已不再是個人問題，也不再是局限於基本社會單位內的家庭問題。社會總人口中老年人口比例的增長、勞動力市場的建立和完善、家庭規模的縮小和人口流動的加劇、政治體制的發展和變革、意識型態的變化，這一系列社會因素推動了老年問題發展成為現代國家必須重視的一個社會議題。

隨著醫療衛生科技的進步，國人壽命延長，加上嬰兒潮世代逐步邁入高齡，我國高齡人口將持續增加，建構適合高齡者持續保持健康生活的多元化社會環境，將有助緩和醫療照護負擔，並且提高民眾的生活品質。

壹、高齡化現象深受重視

自從二十世紀五〇年代以來，西方社會對老年議題的廣泛而且深入的研究說明，老年議題是社會所關心的主要現象。作為一個社會現象，老年議題是促使社會福利與健康保健制度建立的一個重要原因，也是構成社會政策的主要內容。由於同屬一年齡階層的人所經歷的歷史經驗，或與其他年齡階層不同。這些生命過程與歷史經驗影響著該年齡層的行為、思考模式，所導致的差異即所謂的「世代族群（cohort flow）」。世代經驗的差異，也將造成不同世代間在價值理念與生活方式的差異。由於特殊的歷史經歷，現代的老年人與過去或未來的老人們有很大的不同，對老化過程的體驗也不一樣，表示年齡聚集的「世代」會影響「年齡族群」，成為老年社會學所關注。

在一九九一年頒布了「聯合國關懷老人原則」（United Nations Principles for Older Persons），接著在一九九二年所召開的第四十七屆聯合國大會通過「關懷老人的十年行動策略－一九九二年至二〇〇一年」，其中將一九九九年定為人類史上的第一個「國際老人年」（International Year of Older Persons, IYOP）

生命醫療科技的進步使得當代的銀髮族多數仍然老當益壯，並享有相當活躍的人際互動。迅速發展的人口高齡化趨勢，與人口生育率和出生率下降，以及死亡率下降、預期壽命提高密切相關。人口高齡化是人類文明進步的重要標誌，隨著人口結構老化，受扶養老年人口增加，青壯年勞動人口相對較少，家庭日益小型化，老年人的醫療和護理問題日益突出，對

表 11-1　高齡化社會對社會經濟發展的影響

項目	內涵
社保費用增加	老年社會保障的費用大幅增加，給政府帶來沉重的財政負擔。國家財政用於離退休職工養老保險福利費用支出迅速增加，反映著「食之者眾而生之者寡」，國家財政負荷遽增。
社區照護需求	是人口高齡化必然會引起家庭規模和家庭結構的變化，使家庭的養老功能不斷削弱。因而迫切要求發展以社區為中心的各項社會福利和社會服務事業，以補充家庭養老功能的不足。
提高社會參與	以一個高齡者而言，其退休以後的人生生涯，普遍而言，將有二、三十年之久，人生後段的生涯相當長久，這與過去社會工作結束後的時間相當短促的現象，已不可同日而言。老年群體對各項生活、特別是對參與社會發展的要求不斷提高。
增加社會服務	是老年消費的特殊性對產業結構調整提出了要求。人口高齡化客觀上要求調整現有的產業結構，以滿足老年人口對物質和精神文化特殊的需要。為了滿足老年人口日益增長的物質和文化的需要，發展高齡產業，增加老年人所需要的社會服務業，改造不適應人口高齡化的住宅、社區和環境，發展老年人衣、食、住、行、用、文等各種消費品。
代際關係變化	是處於相同世代者分享了共同的過去、現在、未來的歷史與環境，經歷了共同的事件、情境與改變，於是他們擁有相似的世界觀。在社會變動的影響下，代際關係方面也出現了許多值得重視的新情況和新問題。
人口結構改變	高齡人口的增長會改變人口的撫養比，被撫養人口的增加必將加重現有勞動人口的負擔。伴隨人口高齡化而產生的勞動力年齡結構的高齡化，必將對經濟發展和勞動生產率的提高產生一定的衝擊。

（資料來源：作者整理）

社區照料服務的需求迅速增加，給經濟增長、產業演變、文化進步、社會發展等帶來一系列的影響。

上述情況說明，人口高齡化已成為一個不容忽視的社會現象，引起社會的高度重視。人口高齡化社會的普遍現象是，整個社會生產力降低、勞動力不夠活躍、老年人口需要更多照顧等問題的深化，而且六十五歲以上退休的社會受撫養人口所占比例，將隨人口高齡化而使問題越發嚴重化；另外，國家社會日益受到社會期待而更加著重社會福利照護的情況下，政府的財政收入必須要大幅度的提升，才有可能維持在一定的社會福利水準，且在人口高齡化後，退休人口數增多，形成社會支出的重大負擔。若干深受高齡化影響的國家透過提高法定退休年齡，藉此調整年金繳費者與領取者的比率。過去的法定退休年齡訂在六十五歲，當時的平均餘命低於五十歲；但現在平均餘命已將達到八十歲，而退休年齡仍停留在原點，恐不適當。平均壽命的延長、平均餘命的增加以及平均退休年齡的下降等因素的衝擊，勢必影響到年金成本（pension costs）。同時又因生育率的下降所造成的少子化現象將更加重勞工的保費負擔，以及增加年金制度財務運作的困難。目前 OECD 多數國家，則是朝多種改革方向並行，包括提高法定與實際退休年齡、提高繳費的額度、私人年金，如表 11-2。

由於社會上充滿了對老年的偏見與歧視，「老」總是與衰弱、退化、孤單、卑微、貧病等聯想在一起。事實上，年齡與經驗、智力、成熟呈增加性函數，老年人經歷了人生大半的歲月，累積了豐富的閱歷與經驗，具有圓融的智慧與超脫的人生體驗，可以繼續服務人群，發揮生命的餘熱，對社會有所貢獻。志願服務與照顧活動對經濟體制顯然是重要的，老人擔任有給工作之外的志工與照顧者做出實質的貢獻。志願服務與照顧活動的經濟利益不僅是實質的，也具有超越其立即成果的價值。如果我們把這些活動當作社會資本概念的一環，那麼，志願服務活動的經濟利益也突顯出老人帶給社會的其他利益。志願服務的附加價值超出經濟層面，也比輸送服務的替代成本更有價值。志願服務所帶來的「過程」利益是難以量化的，但它們卻論證：就其所有形式來看，志願服務可說是一種價值附加的活動。

表 11-2　OECD 對高齡化社會的改革建議

項目	內涵
減少提前退休	公共年金體系、租稅制度與所得移轉計畫應加以改革，以消除提前退休的財務誘因，並鼓勵延後退休。
提升勞工技能	為確保高齡勞工能有更多的工作機會，且具備必要的技能提升競爭優勢，應推動各項相關改革。
減少公共債務	應盡力追求財政穩健，並減少公共債務負擔，牽涉範圍包括公共年金給付水準應逐步降低，以及提高繳費期間的提撥比率等。
充分準備年金	退休後的所得來源，應由租稅移轉制度、充分準備年金、私人儲蓄以及其他來源所得共同提供，以達到風險分散、平衡代際間負擔的目標，並賦予個人的退休決策有較大的彈性空間。
強化金融市場	發展充分準備年金制度的同時，應同步推動金融市場結構的強化，其中包括現代化監理架構的有效建立。
加強政策規劃	人口老化相關改革的整體策略架構應從國家長遠發展的觀點出發，俾促進各項改革措施之協調與推動，並促進一般大眾對改革策略的認識與支持。

（資料來源：作者整理）

　　在二十世紀末期，老年社會學有幾項重要的發展對於理論的建構有所助益，包括：個人的行為僅能從個人的本質、特性、發展出發，忽略權力、社會偏好與意識型態的影響；因此，透過強調世代分析，將經濟與人口結構變遷因素納入，並進而處理歷史與社會結構的關聯，這對於後續理論發展有貢獻，包括：世代流動與演變、對於老化實際經驗的重視。其次，一些立基於心理動力與心理分析理論取向的研究，注意到經驗的多樣性，也注意到意義背後的不同性與不確定性。另外，進行敘述性的研究（narrative approaches），從文化、身體、後現代與後結構的取向討論老化過程，考量所處的社會結構、文化與互動過程，加入了人道與反思的要素。在此思考脈絡下，依年齡限制而來的退休，就不是一個因為個人有機體的自然與單方選擇，而是社會的體制與社會的文化，年齡很明顯的不只是一個有關個人的概念，它往往被各種政治與行政科層的力量所主導成為一種社會組織與社會控制，忽略個人與社會的權力差異，也可能忽略了影響個人老化經驗的權力體系，包括如何定義何謂成功老化，讓人們將社會的秩序與社會

的控制合法化或正當化為自然過程，此將有助於了解超過個人控制或個人日常生活經驗知識體系背後的鉅視結構；這些對高齡現象的反思將能拓展老年社會學的探討廣度及深度。

貳、我國高齡社會的特色

人口高齡化是指一個國家或地區總人口中因年輕人口數量減少，年長人口數量增加而導致的老年人口比例相應增長的動態過程。反映人口高齡化的統計指標大致劃分為三大類：反映人口高齡化程度的指標、反映人口高齡化速度的指標和撫養比指標。

我國在一九九三年九月就已經進入「高齡化社會」國家，推估至二○一八年，邁入聯合國世界衛生組織所定義的「高齡社會」國家；至二○二七年，每五個人中就有一個是高齡者。加上生育率逐年下滑，遠低於人口替換水準二點一人，更加速臺灣社會的人口老化現象。「人口老化指數」是以六十五歲以上人口數，除以十四歲以下人口數，所得出的比率。「扶老比」則是以六十五歲以上人口數，除以十五至六十四歲人口數，所得出的比率，我國扶老比呈平穩上升趨勢。

我國從「高齡化社會」進入「高齡社會」的速度比其他國家快，約二○一八年就達到「高齡社會」，而至二○二六年左右，達到「超高齡社會」。隨著人口結構老化，受扶養老年人口增加，青壯年勞動人口相對較少，「食之者眾而生之者寡」，國家財政負荷邊增。我國高齡化社會問題已不容忽視，需要全體國人瞭解此一議題，並尋出解決之道。

第二次世界大戰後帶來的嬰兒潮，使得後來低生育率和人類壽命延長所帶來的影響相對更為突顯。當年在嬰兒潮下誕生的銀髮族們，在往後的十幾年內將屆滿請領退休金的年齡，他們的退休也表示勞動人口將急速消失。借鑑日本社會對應於高齡化的現象，於一九九四年提出「新黃金計畫」。以實現一個即使是所有的高齡者均患有身心障礙的時候也能保有尊嚴、自

立地渡過高齡期之社會，爰此，新黃金計畫提出四大基本理念，希望任何需要照護服務的人都能就近獲得服務以營自立生活：

表 11-3　新黃金計畫的基本理念

面向	內容
生活自立	服務提供能尊重高齡者個人意思及選擇權，亦即以使用者為本位的高品質服務，並提供促使高齡者持續地經營自立的生活支持。
普遍主義	向來高齡者的福利易被認為只是針對生活困難者或獨居者等需要特別援助者所提供的制度，但此計畫涵蓋所有待援助的高齡者，提供普遍性的服務。
綜整服務	為促使身體功能障礙之高齡者盡可能地在自己家中持續地生活，該計畫以居家服務為基礎，提供有效率、綜合性的服務，以因應高齡者在保健、醫療及福利各方面的需求。
社區主義	為提供居民就近在社區使用所必要的服務，該計畫採行以市町村為中心的體制建構。

（資料來源：作者整理）

　　為因應高齡化社會的來臨，滿足老年人的退休需求，政府除了儘速健全老年經濟安全保障制度外，仍應及早建立長期照護制度及開辦長期照護保險，以解決臺灣邁入高齡化社會所面臨的困境，在人口老化、生育率下降及提早退休等社會趨勢下，以「隨收隨付制」為退休保障制度財務處理方式之國家，開始面臨年金制度改革的壓力，年金改革被視為社會安全制度發展中最為迫切的議題。同時，為避免鼓勵勞工提前退休，致使其領取給付的期間相對拉長，影響政府財務及長期經濟發展。OECD 各國推動的改革方案，包括：延後提前退休方案之退休年齡、增加高齡就業機會、限縮提前退休管道等，以提高中高齡勞工的勞動參與率，降低人口老化對勞動供給的衝擊，並舒緩政府財政壓力。

　　老化（aging）一詞泛指有機體一生中的所有變化，這些變化年少階段稱做「發展」或「成熟」期，因為一個人從出生到青春期，社會及外觀上都還在發展、接著成熟。過了六十五歲，人體會出現更多變化，反映器官功能的下降，這是正常現象，稱作「衰老」（senescence）。「衰老」現象逐

漸遍及整個人體，到最後減低了體內不同系統的功能，也減低了人體對疾病的抵抗力。我國人口高齡化過程有自身特點：

第一，是老年人規模大，增長速度快。

第二，是老年人口比率提高速度是全球最快之列。

經濟比我國發達的國家在面對快速增長的老年人群的經濟保障、醫療保健、生活安養、精神慰藉以及維護老人的地位和合法權益等等多感到十分棘手。在我國進入「高齡社會」，老年人口占全體人口七分之一以上，這是不能不及早為之計，「凡事預則立，不預則廢」。在認同老年人身體和心理需要特殊照護的基礎上，這些國家為他們的老年人口提供了包括從家庭到醫院護理，從預防到康復等一系列衛生保健服務。在其中一些社會中，獲得基本衛生保健服務被認為是公民的權利。高齡者心理性需求指的是在退休制度下，高齡者從工作職場撤退下來失去了社會地位，易造成高齡者的挫折感，覺得自己不再為社會接受，被社會淘汰。另一方面家庭地位喪失，這都會造成高齡者心理、生活上嚴重的不適應。因此，老人保健服務是全面的，除了衛生保健外，需建立起相互關聯和協調的服務來延長老年人獨立生活的時期。這些針對現代社會家庭結構日益核心化的措施，通常包括：家務輔助，家庭保健，飲食服務，老年日托，社會活動，終身教育和就業服務。與此同時，對老年人的公共支出也成為目前福利國家預算中最大的支出。因此現在就要考慮如何創建一個健康的高齡社會議題。

加快高齡事業發展步伐，重點解決高齡事業發展中的突出問題，落實「老有所養、老有所醫、老有所教、老有所學、老有所為、老有所樂」，把高齡事業推向全面發展的新階段，促進建立「不分年齡，人人共享」的社會。這個目標包括三個涵義：

第一，是全面提高老年人的生活品質，逐步實現聯合國提出的老年人「獨立、照顧、參與、自我實現和尊嚴」五大原則。

第二，是建立良好的代際關係，促進社會的和諧發展。

第三，是促進社會經濟的發展，為高齡者提供穩健發展與積極服務。

　　人口老化從字面意義上看來是緩慢發生的，但是它在經濟、社會和政治上的影響卻極為深遠，成為世界各國需要積極對應的發展趨勢。隨著高齡人口的不斷增加，「老年貧窮」或甚至是「年金貧窮（pension poverty）」的現象已成為全世界所有福利國家亟需解決的問題之一。綜觀西歐國家所採行的因應之道，除了不斷的進行年金制度的改革（pension reform），例如減少政府公共年金的支出，或是鼓勵購買私人年金等，有些國家甚至透過延長退休年齡的方式，以減緩老年經濟需求對於國家財政與社會所造成的衝擊。有關我國高齡化社會對策，包括：支持家庭照顧老人，完善老人健康與社會照顧體系，提升老年經濟安全保障，促進中高齡就業與人力資源運用，推動高齡者社會住宅，完善高齡者交通運輸環境，促進高齡者休閒參與，建構完整高齡教育系統。

　　依據老年社會學的研究顯示，二千年後，下列老年現象會益加明顯：

表 11-4　老年現象會益加明顯

面向	內容
異質性	無論族群、階級、性別關係或生理、心理、社會的特質，老人的異質性將逐漸提高，因而我們無法將所有六十五歲以上的人，視為一個同質性的群體。
自主性	未來老人將累積更多的經濟、文化和社會資本，因而更有能力照顧自己。
責任性	當代公民權的主張與運用，改變了現代福利國家的理論基礎，在老人年金與社會保險政策上，更強調個人責任和民間機構的服務。
挑戰性	科學與科技的進步，特別在生物醫學和資訊科技的發展，將對生命的「自然界限」或「預設極限」造成新的挑戰。

（資料來源：作者整理）

　　高齡少子化不僅在未來有勞動力供應不足的問題，更因小孩不斷減少，老人持續增加，年輕人的負擔越來越重，經濟成長率日益下降。而我國現行多項老年保障，如：勞工保險老年給付、國民年金、公保養老給付等，皆屬於一種社會保險，保費的財務處理是採取「隨收隨付制」（pay-as-you-go），亦即當期的收入立即用於當期的給付，易受人口結構變化之影響，在高齡少子化的社會，調高費率幾乎是無法避免的情況，但調

高費率易受政治及經濟因素的干擾，造成財務困難無解的窘境。年金改革不論是依國際勞工組織或世界銀行的理念設計，基本上皆朝多層次年金架構發展，除公共年金外，增加職業年金，以及強調個人責任的商業年金或個人儲蓄等不同層次的養老保障。抑或是從年金體制內部改善，調整年金給付條件、計算公式、減低提前退休誘因等，以延緩年金財務給付壓力。再透過積極性勞動政策以提高就業率，降低實質的依賴比，期能有效解決高齡、少子化社會，因勞動人口減少所造成的年金財務危機。

參、以健康迎接高齡社會

管理學大師彼得‧杜拉克在《下一個社會》一書中指出，未來十年全球社會將面臨急速老化的現象。高齡化社會及其衍生的現象已是全球關注的焦點。世界人口高齡化發展對人類生活會產生重大的影響。在高齡化社會的趨勢下，人口老化引發的人口成長率減緩、生育率降低、公共支出增加以及勞動人口短缺等問題，逐漸成為各先進國家不得不面對的重要課題。在經濟領域，人口高齡化將對經濟增長、儲蓄、投資與消費、勞動力市場、養老金、稅收等產生衝擊。在社會方面，人口高齡化將影響社會福利、醫療制度、家庭構成以及生活安排。人口高齡化是人類社會發展過程中無法迴避的現象，對於國家財政而言將是一項龐大的支出，此外，醫療支出是國家的沉重負擔，當病患年紀更大時，醫療費用就更昂貴；養老支出將占預算的相當大的比例，健康維繫與經濟保障是老年社會最重要的需求。社會可以發揮主動作用，因勢利導，採取適當的對策來緩解困難，積極地化挑戰為機遇。加快經濟社會發展，儘快建立起完善的社會保障體系和養老保險制度，以為應對高齡社會。其中，從我國國情出發，按照國家、社會、家庭、個人共同負擔的原則，不宜逕至照搬西方國家從搖籃到墳墓的福利政策，需量力擇路，構建適宜我國的養老模式和制度。

表 11-5　高齡者生活的風險

面向	內容
政治層面	提高政府和全社會對高齡化問題的重視程度，從宏觀思維制定長期政策和長遠規劃。應對人口高齡化是全社會的共同責任，政府、社會、家庭和個人都承擔起各自應盡的職責和責任。在對應這一社會，政府的政策發揮著主導的作用，以逐步建立和完善老年社會保障制度，推進安老、養老產業的發展，滿足老年人在物質、精神和文化等方面的需求，改善老年人的生活環境，以提高老年人的生活品質。
經濟層面	建立起多層次、廣覆蓋的社會保障體系和養老保險制度，解決人口高齡化所帶來的問題，需要有充沛的社會資源，其中宜發展經濟，提升社會實力，以強而有力的實力做後盾，未雨綢繆，早作籌劃，以解決高齡化所帶來的社會問題。
社會層面	社會制度的建構須考量社會文化的相對應，重禮節、講孝道、尊老愛幼是優良傳統，兒女繞膝、天倫之樂是對老人最大的安慰。從我們社會的生活期待來看，多數的老人期望最終都要在家中安度晚年，養老回歸家庭也是一種趨勢。
產業層面	要注意高齡化對產業結構調整所帶來的變化，發展老年服務產業。隨著人口結構的變化，高齡社會將使得未成年人口的消費品需求逐漸下降，而適應老年人需求的消費品以及服務將會不斷增加。適應高齡化、針對老人需要的服務將越來越大。而這種消費結構的變化又會吸引更多的企業從事老年產業研究，開發老人消費市場，從而引發產業結構的調整與變遷。
人口層面	在經濟可以承受的前提下，實行符合實際的計畫生育政策，堅持人口、資源與環境的永續發展，強調代際之間的公平性、持續性、共同性，為高齡化社會的發展提供了基本的準則。

（資料來源：作者整理）

　　老年人期盼能融入每個社會的文化價值體系，享有家庭和社區的照顧和保護，享有保健服務，以幫助他們保持或恢復身體、智力和情緒的安適狀態，並預防疾病的發生，享有各種社會和福利服務，以提高其自主能力，使他們得到更好的保護和照顧；老年人在居住的住所、安養機構時，能享有人權和自由，包括充分尊重他們的尊嚴、信仰、需要和隱私；並尊重對自己的照顧和生活品質做抉擇的權利。爰此，為迎接健康高齡社會的理想，這項安老生活的原則為：

表 11-6 高齡者安老生活的原則

面向	原則	內容
老身	健康促進	年輕時開始建立健康生活,定時做運動,飲食均衡,適當作息,以保「老身」健康。
老本	經濟能力	年輕時未雨綢繆,定期儲蓄、預備退休金及購買保險,有充足「老本」來養老。
老伴	婚姻維續	年輕時與伴侶建立恩愛的夫妻關係,有福同享,有難同當,彼此協調,彼此相愛,將來有個可以伴你終老的「老伴」。
老友	知己朋友	結識志趣相投、可以交心的朋友,到老也可以找些「老友」談天論地,享受人生。
老居	居住環境	建立一個溫馨的社區,讓長者可以有個安享晚年的安樂「老居」。

（資料來源：作者整理）

　　面對未來人口嚴重老化的趨勢,以及銀髮產業漸增的需求,政府除了重整傳統家庭的價值（鼓勵家庭提供照護服務及負擔老年人的經濟需求）外,並應儘速推動長期照護制度與長期照護保險以滿足老年人的健康需求,並落實在地老化原則以提供老人安養、療養服務。

　　這一世代的人必須接受,在平均壽命延長和許多銀髮族身體仍然相當健康的情況下,延長退休年齡以及退休金調節的發展方向。延長法定退休年齡可以避免國庫超載的負擔,減輕財政負擔;有工作能力的銀髮族除了可以貢獻所長,也能持續健康的社交生活;弘揚尊老愛幼的優良傳統,實行以「社區為載體、家庭為主體」的養老模式。

肆、高齡化帶來社會變革

人均壽命的延長和生育率的降低導致人口高齡化,我國民眾生活水準的不斷提高,醫療條件的顯著改善以及計畫生育政策的實施,使高齡化現象以比西方國家快速的進度發展。隨著人口扶老比不斷的升高,顯示高齡人口對勞動人口所帶來的經濟依賴及安養、療育負擔將越來越加沉重。高齡人口的增加對於健康照護系統也帶來了極大的壓力。例如,老年人口比例的增加預期會使失能老人及老年慢性病增加,此一發展使得全民健康保險和

全民社會安全體系的健全性與永續性面臨更大的挑戰。人口老化問題將是普遍性的、永久性的現象，此一現象對人類生活的各個層面都有著重大且長期的影響。

表 11-7　人口老化對人類生活各層面的影響

層面	項目		內涵
經濟面	人口老化將對經濟成長、儲蓄、投資、消費、勞動市場、退休金、稅金與代間移轉產生影響。	勞動市場	人口老化對勞動市場的影響，在於中高齡勞動占總勞動人口之比重增加，青壯年勞動人口相對減少，此現象不僅改變勞動市場的勞動力結構及就業結構，也改變勞動與資本的相對結構，進而影響勞動市場的勞動供給以及產品市場的消費需求。
		消費型態	高齡者的消費則較偏向健康相關的財貨或家庭勞務，包括保健食品及藥品、健康及生活照護之服務，以及生活輔具之需求等。
		金融市場	高齡社會的年金制度需要金融市場的制度面配合，包括金融市場需有充足的儲蓄工具、保險保單，以及健全的金融監督制度等。
社會面	家庭組成、生活安排、住宅需求、遷徙趨勢、流行病與保健服務需求等面向皆因人口老化而改變。	健康照護	高齡者的健康照護的目的，在維持高齡者的生活品質及生命的尊嚴，此項照護工作需要家庭、社會與政府來共同提供。
		移民政策	面對人口老化，如何藉由政策來提高勞動參與率、促進技術進步以提升勞動生產力，或延遲退休年齡，或引進國外技術性勞動來填補國內技術性勞動短缺的現象，將是經濟成長政策及移民政策的挑戰。
		支持系統	公共年金制度已是先進國家重要的老年生活保障措施，也是社會安全制度重要的一環，然而老年人口所需之社會安全照護支出通常是經常性及長期性的，因此對政府財政會形成沉重負擔。
政治面	人口老化會造成投票模式的改變，透過選舉結果，間接對公共政策的制訂及跨世代資源分配造成影響。	保障政策	健全的老人照護及養老制度應至少包含三個支柱，亦即由政府、企業及勞工三者共同挹注，以建立並鞏固老人經濟安全制度。
		政府財政	勞動力老化的結果，使得支持非勞動人口的經濟產出下降，其影響是社會安全支出的財政收入來源萎縮，老人年金及醫療照護體系恐將難以維持。

（資料來源：作者整理）

我們無須刻意淡化高齡化社會所帶來的衝擊，當理性思索人口結構變化時，宜採取社會可持續性的發展，以理性的態度面對，化看似消極的因素為積極因素，為必要的籌謀。對應於高齡社會不同的國家會有不同的國情和方法，但都需要結構性的社會變革。「老有所養、老有所醫、老有所教、老有所學、老有所為、老有所樂」是高齡社會的發展目標。由於人口老化（demographic ageing）、全球化（globalization processes），以及傳統家庭結構（traditional family structures）的劇烈變遷等因素的影響，現有的各種社會安全制度，勢將在未來長壽社會（long life society）中遭遇到更大的挑戰。老年人對於經濟安全、安療養的需求增加，將導致政府財政負擔加重，尤其是福利津貼的支出或社會保險的給付。此外，隨著高齡人口的不斷增加，政府也必須加速照顧服務產業的發展，並提供適足的照顧服務。檢視我國政策與立法演進，其特色可歸納為下列六項：

表 11-8　高齡者安養政策及作為

項目	內涵
落實在地老化原則	政府於二〇〇四年修正核定的「社會福利政策綱領」明訂老人照顧政策原則－「以居家式服務和社區式服務作為照顧老人及身心障礙者的主要方式，再輔以機構式服務；當老人及身心障礙者居住於家內時，政府應結合民間部門支持其家庭照顧者，以維護其生活品質。」
加強高齡健康促進	我國照顧層面已從醫療照顧延伸至預防層面，一方面開始著重預防保健，以防範需要醫療照護狀態的發生；另一方面亦重視復健服務的優先性，期能改善需要長期照護的狀態。
辦理照顧管理制度	透過各縣市成立之「長期照護管理示範中心」（該中心之總目標乃是「透過對長期照護相關人、事、物之資源管理，提供民眾「單一窗口」服務，確保個案能得到統合、完整之長期照護服務」）、「建構長期照護體系先導計畫」於實驗社區（嘉義市及新北市三峽鶯歌地區）設立之「照顧經理」（賦予照顧經理擁有資源控管的實權，且肩負對其服務之可權責性）或成立「照顧管理中心」（具有資源配置與連結的功能）的機制來整合多元服務。
引進民間參與機制	通過「照顧服務福利及產業發展方案」，開始鬆綁調整相關法規及措施，以積極引進民間參與機制，充實多元化照顧服務支持體系。
強化高齡教育培訓	老人之健康及照護服務乃是新興且勞力密集的服務，但目前政策並未依據長期照護人力的需求來訂定全面人力養成計畫。雖有研究依據全國長期照護需要人口推估各專業服務人力需求；惟該項人力需求推估尚未進一步與教育體

	系相互銜接。如何有效規劃我國專業人力養成教育，顯然是我國政策不可迴避之重要課題。
高齡社會深度探究	「培養老人健康之生活態度，形塑友善老人之生活環境」，雖然是政策所揭櫫之目標，但有關臺灣老人之生活態度或社會大眾對老人態度之研究均不多見，實有進一步探究之必要，以利研議策略和做法。

（資料來源：作者整理）

　　人口集體老化，部分老人人口的收入又低，加上少子化帶來的老年安養負擔，這是屋漏偏逢連夜雨的雙重困境，如何因應未來少子高齡化社會的挑戰，是當前臺灣社會迫在眉睫的重要議題。伴隨臺灣經濟奇蹟而來的是人口變遷，雖然高齡化現象在先進國家早就普遍存在，然而為了因應以上趨勢產生的問題，因此無論是經濟、醫療及家庭，或者是老人的居家生活、休閒、安養護及社會適應等，都需政府、家庭或所有的社會大眾投入相當心力。我國老人政策已確立「在地老化」（aging in place）的原則，並強調社區式服務和居家式服務的優先性；另也承諾對家庭照顧之支持。此種趨勢乃順應世界的潮流，利用回歸社區與家庭的策略，減少機構式服務的使用，節約長期照護成本。

　　高齡化社會的來臨係意謂著高齡人口占總人口數的比例大幅增加，同時也代表著勞動人口扶養老年依賴人口的負擔更加沉重，其所造成的危機，除了醫療需求急遽增加之外，還包括平均餘命的不斷延長、新的生活方式與家庭關係的重組，以及工作與休閒時間均衡協調等問題。少子化的衝擊下，「養兒防老」的觀念已經成為天方夜譚，為了擁有好的退休生活，民眾應該及早開始準備退休金，讓老年生活更有品質。在人口高齡化及少子化的雙重衝擊下，必須面對「上有高堂，下無子嗣」的窘境。因此存款不易變成了現今社會的常態，再加上通貨膨脹、物價上漲等等現象，對於未來，更應審慎理財工具，以保障完整的生活品質。

　　人口老化的結果使退休人口增加，青壯勞動人口相對萎縮。這樣的發展衝擊現有社會安全體系及社會福利制度的安全性，進而衍生政治面及社會面的改革壓力。同時，人口老化併同少子化的結果，使得家庭結構產生

改變。教育程度的提高及都市化的結果，傳統社會的生活方式及價值體系不斷遭受挑戰。已婚的青壯年夫妻面臨工作競爭及撫育下一代的生活壓力下，很難同時照顧雙方的高齡父母。由此，三代同堂的現象將越來越少，這導致高齡者倚賴家庭成員照護的可能性越來越低，而高齡者需要社會體系或政府提供生活照護的需求將愈來愈大。以日本的人口老化達到世界最高水準，為了讓愈來愈多的日本老人可以有尊嚴地度過晚年，也為了減輕政府在低經濟成長期間的財政負擔，日本在二○○一年開始，全國開始開辦公共介護保險制度。介護保險制度整合了先前的《老人福利法》和《老人保健法》兩種制度，其財源一半來自稅金，另一半來自於保費。這項制度有意降低政府所扮演的公扶助角色，鼓勵民間參與介護服務以利用民間活力，因而涵蓋了相當廣泛的社區照顧及醫療機構安養照顧等範圍；醫療保險強調「相互扶助」、「相扶共濟」精神並促進醫療之市場化，提倡「居家服務」，讓介護服務利用者儘量待在其所熟悉的環境，落實憲法所揭櫫的「適合人性尊嚴的生活」理念。爰此，建立社會養老保障制度、變革贍養方式、提倡老年人發揮餘熱、積極開發人口高齡化帶來的商機，是迎接社會高齡化時尚待努力的課題。

結語

　　對於傳統社會福利的功能而言，顯然目前的各種老年經濟安全保障政策與老人安、療養政策等，不僅已面臨了新的挑戰，同時也是必須進行改革的新契機。人口高齡化問題，認清未來人口結構演變的發展趨勢，及早地制定人口、資源、環境和經濟社會發展相協調的總體戰略規劃，都是十分必要的。要進一步大力興建公共養老設施、擴大高齡活動場所、增加老年服務專案、提升高齡服務水準、發展高齡化服務產業。

　　人口高齡化，在整個二十一世紀將是一個世界性的重大經濟社會問題，構成了新世紀人類社會發展的主要特徵之一。為高齡社會服務的需求迅速膨脹。目前，由於社會轉型、政府職能轉變、家庭養老功能弱化，為

高齡服務業發展嚴重滯後，難以滿足龐大老年人群，特別是迅速增長的「空巢」、高齡和帶病老年人的服務需求。鑑於人口高齡化對人類生活全方位的深刻影響，自一九八二年第一屆世界高齡大會以來，國際社會高度關注高齡問題，並提出了一系列應對的對策。二〇〇二年，聯合國召開第二屆世界高齡大會，敦促各國特別是發展中國家政府，必須從現在開始，採取積極應對方案，以從容迎接高齡社會的到來。

第十二章　老年社會學 的發展

前言

　　人口高齡化對國家的經濟、社會、政治、文化等方面的發展帶來了深刻影響，龐大老年群體的養老、醫療、社會服務等方面的需求也越來越大。老年社會學是一門致力於老化研究的學科，也是相當新穎的學術領域。它包含來自所有學術學科、專業實務領域與老年學本身所發展的知識。老年社會學所要處理的是非生理層面的老化，也包括心理的、社會心理的與社會層面的老化。對於健康老化的倡議，強調生理、心理和社會三種層面缺一不可，因此健康老化定義為：個體成功適應老化過程，在老化的過程中，在生理方面維持良好的健康及獨立自主的生活，在心理方面適應良好，在社會方面維持良好的家庭及社會關係，讓身、心、靈保持最佳的狀態，進而享受老年的生活。

壹、高齡化為全球趨勢

　　人口老化是醫療技術進步所帶來之死亡率減緩以及預期餘命延長與生育率下降的結果。人口結構高齡化意味著我們的社會將面臨前所未有的挑戰。從人口變遷的過程來觀察，預估到了二十一世紀中期，老年人與年輕人年齡層將各占全球人口的半數。高齡化現象不論是在已開發國家或開發中國家都是一個需要高度關注的課題。

　　根據聯合國世界衛生組織的定義，六十五歲以上老年人口占總人口的比例達百分之七時，稱為「高齡化社會（ageing society）」，達到百分之十四時稱為「高齡社會（aged society）」，倘若老年人口比例達到百分之二十時，則稱為「超高齡社會（super-aged society）」。二十一世紀是全球人口高齡化的世紀，「國際老人年」實際上是整合了聯合國歷年來有關老人的重要政策、原則與行動方案，並配合當前與未來社會的情況，提出前瞻性的實施計畫。老年社會學作為新興學科方興未艾，在汲取古今中外一切文明成果

營養的基礎上，其學科領域的研究範圍、研究特點和方法將會得到更多科學知識的援引，學科的專業知能有積極的發展，對社會提供的參與及貢獻更為豐富。

　　在老年議題的探究中，瞭解時間積累所導致產生年齡的改變，以下四種年齡對探討個人老化及社會高齡化是息息相關的：

表 12-1　長者的年齡區隔

重點	内涵
實際年齡 （Chronological Age）	指一個人從出生後就開始計算的年歲，能準確且客觀地反映人體發育的生理成熟程度。
生理年齡 （Biological Age）	指因身體的改變而降低組織系統，例如心臟、循環系統的功能。生理上的老化起因於年齡增加而使再生細胞的數目減少，另一原因是某一些無法再製的細胞流失了。這種類型的老化可以經由測量個體組織器官功能的好壞來決定。
心理年齡 （Psychological Age）	指感官、知覺、適應力、動機、記憶、學習和人格的改變。因此，個體若表現智力上的積極主動或容易適應新環境，都可視為心理上的年輕。適應方式包括：記憶佳、有智慧、有強烈動機、不斷學習等。
社會年齡 （Social Age）	指個體在不同社會結構中的角色或社會關係的改變。當人們年齡、生理及心理老化時，他們的社會角色和社會關係也會跟著改變。這種社會能力因人而異，主要受個人如何看待老化及老化過程中的經驗是正向或負向而定。

（資料來源：作者整理）

　　以臺灣社會人口發展趨勢，高齡者快速增加，人口高齡化對社會的影響層面廣泛，由於生理衰老與心理疾病的增加、生活自理功能的衰退，以及退出職場，各式各樣的需求隨之而來，例如，生理健康、心理諮商、長期照顧、經濟安全、志願服務、社區住宅、休閒活動、溝通交流、終身教育等。若不及早研究、規劃因應，必將引發「七年之病，求三年之艾」的社會困擾。面對「高齡化社會」所帶來的衝擊，政府應檢討現行的老人福利政策，制定老年服務業發展規劃，實施國家對老年服務業的扶持保護政策，建立老年服務業發展管理體制。在經濟保障上以社會保險取代津貼措

施，以減輕政府的財政壓力。此外，對於目前各項社會保險（包含全民健保）的財務應力求健全，否則恐將損及未來退休人口的權益。充分借重民間活力，發展高齡產業以滿足龐大老年人群需求，促進經濟社會協調發展的重要內容。再者，政府亦應儘速推動長期照護制度，開辦「長期照護保險」，以為未來「高齡社會」的來臨預作準備。

由於我國人口結構邁入高齡化，政府為因應高齡社會來臨，針對高齡者需求規劃推動各項因應政策、計畫或方案，聚焦在「健康老化」的目標，建構出「健康、安全及友善的社會參與環境」主要內容如下：

表 12-2　高齡者志願服務的理論分析

項目	重點	內涵
健康面	持續維持高齡者身心健康，保有社會參與的活力。	1.提倡健康生活概念，促進高齡者成功老化。 2.結合少子化後閒置空間，建構高齡者「可近性」終身學習環境。 3.建立高齡者「人力資源中心」，活絡人力再運用。 4.建構高齡者休閒參與環境，透過參與維持其心理健康。
安全面	因應高齡者不同健康程度的需求，提供安全的家庭生活及社會參與環境。	1.建構適合高齡者的智慧型永續居住環境。 2.以通用設計原則，打造無障礙的行動空間。
友善面	營造社會悅齡親老的環境，形塑認同高齡者的社會參與空間。	1.高齡化知識納入全民教育，營造悅齡親老社會。 2.去除年齡歧視，消除世代間衝突。

（資料來源：作者整理）

面對高齡化社會所引起的社會、經濟及政治面上的挑戰，各國政府必須提供更適當的高齡保障建構體制與健康照護機制來加以因應，使其國民在老化世界中活得更久，同時確保更長的社會及發展持續力，以滿足老年人的需要。以營造讓國人在邁入高齡後，仍可以延長保持健康狀態及享有自主獨立的良好生活品質環境，有助減少對醫療照護及福利資源的依賴。

因應人口快速老化的全球化趨勢，WHO 在二○○二年提出「活躍老化」，以促進高齡者「健康、參與及安全」的生活，並以八大面向為基礎（無障礙與安全的公共空間、大眾運輸、住宅、社會參與、敬老與社會融入、工作與志願服務、通訊與資訊、社區及健康服務），作為推動高齡友善社會的指引，以為因應人口老化的社會現象，其中，日本擴整照護基礎所推動的支援措施，包括以下七項：

表 12-3　日本擴整照護基礎所推動的支援措施

重點	內涵
專業培育	充實居家服務員、新任機構職員、訪問看護從事者之培育及訓練等。
輔具開發	確保專業人員以利照護輔具開發及普及。
照護體系	提供國民能方便利用之綜合性服務體系。
多元服務	服務供給之多樣化、彈性化，如活用民間服務。
專業研究	推動綜合性長壽科學研究。
造鎮活動	推動住宅對策及社區總體營造。
志工服務	推動志工活動、福利教育及市民參與。

（資料來源：作者整理）

貳、銀髮族的社會角色

隨著年紀增長所帶來生、心理的變化，有時或多或少會使銀髮族感到力不從心而且覺得沮喪，而退休後的銀髮族更可能因為離開工作崗位，而感覺到沒有生活重心、失落和無聊。老化並非一定產生疾病，但老化會導致身體功能逐漸減退，容易罹患各種慢性疾病，再加上失能、獨居、家庭及社會角色改變、缺少社會支持網絡，往往容易罹患心理疾病，如憂鬱症等，影響生活品質。從人口老化的過程看來，老年人必須面臨和適應的問題主要包括生理、心智、社會、家庭、心理等五個方面：

表 12-4　老年人必須面臨和適應的問題

項目	內涵
生理	一般老人避免不了生理功能的退化，日常生活自理能力的減低，及罹患各種疾病等。
心理	容易產生寂寞、孤獨、憂傷、憤怒、依賴、自尊心降低及害怕死亡等問題。
心智	由於功能的退化，易產生知覺混亂、方位喪失、情緒不穩定和思維障礙等。
社會	老人必須面臨退休、人際親密度減低、缺乏同儕支持（遷移或死亡）及社會疏離等問題。
家庭	必須面臨子女獨立、配偶死亡、獨居及經濟依賴等問題。

（資料來源：作者整理）

　　因為身心衰老及缺乏支持系統，使得多數老人因為老化而產生的問題不斷的延伸，老人需要更多的關懷、協助與支持。銀髮族雖然經歷生理、健康狀況的改變，但其在心理層面的需求並無太大改變，當一個人從中年進入老年生活，並不是要與社會隔離或撤退出來，只不過是將原來所扮演的舊的角色轉換成新的角色而已。老年社會學強調老化過程是人類生命中的一個階段，它是一個正常的生命階段，就如同青少年時期與壯年時期般一樣，每個階段都是一個必經的過程，老化只是在走完生命的一個階段所顯現出來的生理機能變化。

表 12-5　高齡者的性格區分

類型	內涵
成熟型	積極面對事實，悠閒自在，理解衰老、死亡。
安樂型	在物質或精神上期待別人援助，外表悠閒自得，不喜歡工作。
防衛型	觀念上固執、刻板，自我防衛機轉較強，不喜歡依賴他人、不服老，以不停的活動抑制衰老的恐懼。
憤怒型	無法承認衰老的事實，把失敗歸咎於他人，並表示出敵意和攻擊性，偏見較深、恐懼、憂鬱。
哀怨型	把不幸全歸咎於自己，悲觀；對人事物了無興趣。

（資料來源：作者整理）

　　銀髮族的社會角色所涉及的是「年齡規範（Age Norms）」，年齡規範是當人們到達某一年紀年齡該扮演什麼角色，因此年齡規範作了假設跟年齡有關的能力與限制，認為一個人到了某一年齡就能夠與應該做某些事情。社會的行為規範，可由社會政策與法律正式表達。例如，我國統計勞動的參與年齡為：十五歲至六十五歲，把人們放在時間之軌道工作。在工作場所中所學習之高效率生產技術或管理領導，在退休後之休閒活動變成無用。隨著老年人口的增長，福利政策與措施不僅需要對這群人口需求予以回應，也必須發展出新的回應方式。為確保老人良好生活品質或生活風格的可能性，福利政策與服務措施應該正視的方向如下：

表 12-6　為確保高齡者生活福利政策與服務應正視的方向

重點	內涵
結合社區服務	可將老人的休閒、娛樂、教育與志願服務結合，以社區為單位，讓服務變成一種快樂的、喜悅的與他人互動和交流的機會。
重視老年教育	老人教育可帶動老人的自我成長。
鼓勵志願服務	對於從事志願服務的老人來說，志願服務工作不僅提供一種互惠利益，並且增進和維持個人的福祉。
考量需求差異	針對老人不同特性與需求應給予個別協助與照顧，並且賦予老人新社會價值。
強調休閒娛樂	幫助老人克服生活困難與強化其獨立性，並且增進其能力以從事休閒、娛樂與觀光活動。

（資料來源：作者整理）

　　隨著科技及醫學的發達，人類平均壽命逐漸延長，使得老年期幾乎占滿了個體生命全程的三分之一，依據臺灣的平均餘命年齡水準，六十五歲的高齡者約有十五年的餘命，故提供高齡者生涯規劃可以使高齡者不斷地發展自我、擴展視野，瞭解社會並具有適應變遷、與時俱進之能力，透過學習及參與，有助於老人重新確認個體生命的意義與價值，並對高齡期的生涯發展有重大幫助，有助於高齡者完成在成年晚期應有的發展任務及社會角色。

　　銀髮族在社會上除了是消費者外，也可扮演資源提供者的角色，如志工或顧問等，透過社會參與以及人與人之間的互動，銀髮族除能對於整體社會有所貢獻外，也可協助銀髮族建立新的人際關係與社會情境，因而在退休生活中能感到較有成就，在面對病痛或喪偶等狀況時，也會比較能夠適應，故能提高退休生活的調適與生活的品質。檢視世界社會福利先進老人健康和社會照顧政策的發展，歸納出下列九項共同特色：

表 12-7　福利先進老人健康和社會照顧特色

重點	內涵
在地老化	在地老化已成為政策之目標。
多元經營	服務項目愈加多元化，但以居家式和社區式服務優先。
需求評量	由於國家資源有限，故將資源配置給最有需要的人，因此需求之評量愈顯重要。
相互協調	正視服務之提供中，服務整合組織協調之必要性。
連續照護	主張連續性照顧之理念，努力嘗試連結急性醫療和長期照護服務。
預防保健	強調預防保健，老人的生活型態和生活態度值得進一步研究。
家庭照顧	增進對家庭照顧者的支持，以維持其照顧能量。
專業團隊	重視各類人力培訓以及團隊合作模式的建立。
社會參與	照顧式混合經濟是各國推動老人照顧的範例，故照顧服務朝民營化和產業化趨勢發展。

（資料來源：作者整理）

　　銀髮族並不需要與社會隔離，但需要將原來所扮演的舊的角色轉換成新的角色；例如可從資源接受者轉換為資源提供者，透過主動的社會參與以及人與人之間的互動，進而對於整體社會有所貢獻外，也可協助銀髮族建立新的人際關係與社會情境，提高退休生活的調適與生活的品質。高齡社會的成員需培養「基本關懷高齡能力」的觀念，此包括瞭解長者、關懷長者及準備成為老人，從認知、心態和實際行動，學習面對高齡社會帶來的改變，並尊重多元與接納差異。而加強老人學相關課程、跨科技學習經驗、老人照顧相關醫療科技發展、建構多元化的老人服務體系、完善老年經濟安全體系、協助高齡人力生涯規劃、建設或整修適合長者居住的住宅、建構友善

老人的通行環境及倡導逐步將老人照顧社會化、本地化，同時避開長者照顧機構化和大型化的困境等，皆是面對人口老化的政策方向與具體措施。

參、銀髮族的社會商機

老年人口的增多，傳統高齡理念研究對人口高齡化社會持悲觀思想，將老年人口作為「親屬負擔」、「家庭包袱」，對社會日益高齡化現象感到恐懼，認為人類社會將面臨老人危機和養老保障制度崩潰的危險。銀髮族在社會上所扮演的角色和其身、心上的需求，常被視為是一特別的消費族群，許多業者皆瞄準此銀色商機，將銀髮族視為潛在的龐大消費族群。銀髮族的生活及消費想望，其實跟一般人相同，都存在著內、外部狀態變化的誘因，像是「隨著年齡增長」、「人生階段」、「家庭組成」等，都會影響消費活動。舉例來說，「隨著年齡增長所帶來的身體變化」就是第一個為人們所體認到的改變。大部分上了年紀的人，都會覺得自己「體力衰退」、「容易感到疲倦」、「視力模糊」等，所以銀髮族會選擇一些營養補充品、上健身房運動、使用放大鏡等可以協助其提升生活行為與功能的商品。

二十一世紀以來，積極高齡化成為迎接高齡社會的作為，將健康、參與和保障三者組合在一起。積極高齡化是在健康高齡化基礎上提出的新觀念，強調的是人在進入老年之後，盡可能長久地保持在各方面，包括生理、心理、智慧等方面良好的狀態；而積極的高齡化是指老年人要積極地面對晚年生活，不僅保持身心健康狀態，而且作為家庭和社會的重要資源，要融入社會，參與社會發展。在銀髮族養老的二、三十年歲月中，最讓其憂心的是健康狀態、經濟安全，以及生存價值，細究許多銀髮族的言行，便不難發現，一旦銀髮族在這三方面開始感到危機與不安，就會想要改變，亦會產生相應的需求，這些服務遍及於食、衣、住、行、育、樂等各類生活產業中。

高齡化使得高齡者對相關商品及服務的需求增加，對年輕族群的商品和服務的需求相對減少。考量人口老化及出生率降低等因素，醫療及照顧長者行業前景看好。雖然人口老化對勞動力、財政負擔、儲蓄及投資均有

不利的影響，但它卻也開啟了健康事業的商機，故擁抱銀髮商機將是企業界與消費市場的主流。目前在日本最受高齡者青睞的商機，主要為時間消費型商品，如旅遊、電影、學習型商品，以及如不動產、金融、住宅等高額商品，成為銀髮族的社會商機：

表 12-8　銀髮族的社會商機

項目	內涵
旅遊商機	一生辛勞、勞碌工作的銀髮族，老年有錢又有閒，為補償過去的辛勞，經常把旅遊當成慶祝退休的消費首選，因而引發無限的旅遊商機，包括國內及國外以銀髮族為對象的各種旅遊方案風起雲湧，甚受歡迎。
益智商機	由於害怕罹患老人痴呆症，各種益智遊戲機及腦力鍛鍊遊戲軟體，內容從簡單的算術、拼圖到腦筋急轉彎都有。如任天堂推出的掌上型遊戲機，均甚受歡迎。
學習商機	包括音樂及電腦等，不斷向老年人招手，形成無限的商機。例如音樂教室，推出長者參加的鋼琴、薩克斯風、小提琴等課程。此外，家庭電腦網路公司興起，結合各地連鎖教室，開設電腦相關課程。
美容商機	高齡者對假髮、去皺、除斑、抗老、美容整型的消費，也呈現急遽增長的趨勢。
照護科技	為因應高齡社會的到來，研發機器人的照護機器取代人力短缺的現象，從做事到養護、各種餵食均有，是老人最佳的幫手。包括遠距醫療、老人照護、餵食機器、異常監視、家事服務等。
社群商機	銀髮族所架設的社群網網站快速興起，以提供高齡者人際溝通、資訊流通、問候暢通的管道。
寵物商機	為消除老年人的空巢寂寞，企業界研發會撒嬌的玩具貓、會笑的機器海豹、會滴淚的娃娃等具有療癒作用的玩具。

（資料來源：作者整理）

面對當前年齡結構快速轉變，對於活躍老化政策架構所揭示的理想，我們不能只將它視為是另一種美化政策措施的標語圖騰，將人口高齡化視為經濟發展和社會進步的結果，是人類歷史發展的巨大成就。將老年人口作為寶貴的財富和資源，認為人口高齡化能夠與社會協調發展，高齡社會能夠實現可持續發展。積極調整既有的照顧服務體系，以提升老人生活品質的有效方法。

　　隨著長者預期壽命的延長，老年人要轉換社會角色，調整生活方式，擺脫孤獨、寂寞和失落，使自己與社會融為一體。老年人只有融入社會，才能具備較高的生活和生命品質，才能保持自身的尊嚴和價值。美國於一九六五年即制定老人法，其目標乃為維護個人尊嚴，政府有責任協助老人獲得以下十項的福利機會，包括：

表 12-9　銀髮族的福利機會

項目	內涵
經濟保障	退休後有適當的收入，維持生活標準。
身心健康	獲得生理與心理的健康，不受經濟影響。
老人住宅	獲得設計完善位置適當的老人住宅。
機構安養	需要機構照料之老人可獲得充分之照顧。
就業服務	就業機會，不因年齡而受歧視。
退休安老	對經濟有貢獻後，可獲得健康、光榮及莊嚴之退休。
公民參與	有機會參與公民、文化及娛樂等有意義之活動。
社區服務	及時獲得有效率之社區服務及社會協助。
專業研究	運用科學新知，增進或維持老人健康及幸福。
自主生活	每人擁有自由、獨立及安排處理自己生活之自主權。

（資料來源：作者整理）

　　銀髮族相關政策和發展趨勢亦皆朝著活躍老化（active aging）、生產老化（productive aging）的目標邁進，除了健康照護等促進銀髮族生活便利性的產品外，民間也發展出許多不同的商業模式以滿足銀髮族在心理層面的需求，人口高齡化是人類發展到一定階段的必然產物，它是不以人們的意志為轉移的，不管你承不承認、歡不歡迎，都客觀的存在。所以，面對人口高齡化的挑戰，我們既不能採取視而不見或有意迴避的態度，也不能盲目悲觀。要認真面對人口高齡化可能產生的消極後果，避免或減緩人口高齡化對經濟社會的影響，以積極的態度迎接人口高齡化的挑戰。

　　銀髮商機是一個具有高度多樣化的微型市場之集合。發展銀髮族產業是應對高齡社會、滿足龐大老年人群需求、促進經濟社會協調發展的重要內容。開發銀髮商機例子不勝枚舉，日本的便利商店，開始經營不同分眾

市場，甚至專門研究熟齡人口生活型態的研究中心，超市也可成為社區老人健康中心，日本大企業則提供符合老人飲食的專屬送餐服務。另一方面，銀髮業者要從消費者的態度，回應需求、提供服務，政府也能提供很好的長照制度，甚至給銀髮族工作機會，重新投入就業市場，就能一起迎接高齡化社會的到來。

表 12-10　銀髮族各類生活面向商機

項目	內涵
住屋生活	住宅改建與修繕，智慧型住宅，養身村，老人公寓，退休社區，租屋養老。
飲食生活	營養保健食品，用餐環境改造，懷舊古早味飲食，老人食品，用藥輔助食品。
醫療保健	醫療與照護器材，輔具福祉用品，機器人照護陪伴，照護與安養服務，臨終與殯葬服務。
通訊交通	交通工具通用設計，交通設施無障礙化，專屬老人通訊產品，安全智慧車，定位與迷路指引。
教育學習	成人教育，中高齡教育，課程補教才藝，照顧服務人才培訓，家事生活教育。
娛樂療癒	寵物與陪伴玩具，社交與社團，精緻旅遊，宗教活動，心靈成長課程。
衣飾美顏	醫學美容，老人專屬服飾，老人專屬美顏商品，二手商品，衣飾用品租賃。
工作服務	工作媒合，彈性工時，經驗傳承，工作機具通用化，勞動法務服務。
金融財務	投資理財規劃，退休金規劃，保險規劃，遺產配置規劃，金融法務服務。

（資料來源：資策會 MIC，2013 年）

肆、迎接高齡化的社會

臺灣老年人口激增，從二〇一四年開始，六十五歲以上老人每年增加百分之一，而二〇一五年，勞動人口將每年減少十七至十八萬人；二〇一六年後，老年人口會比小孩還多；推估二〇二五年，每五人之中就有一人是老人。老人是「資產」，只是長久以來這個社會缺乏比較好的管道來「活化」這些資產，我們長久以來的思維都是老有所「養」而非老有所「為」，老化下的生產力減少，不是老化的個人問題，而是退休制度的問題，甚至是工作結構的問題，因為在現今超過六十五歲的高齡人口，體能狀況與工作能力都維持不錯，但是退休金的負擔，迫使他們必須離開職場，甚至縱

使年老可工作，也沒有適當的工作可以擔任。這種「老而無用」的現象，其實隱藏著不友善社會的歧視與排老心理。借鏡北歐一些國家讓年長者在幼兒園裡照顧陪伴小朋友，不僅節省了照顧小孩的成本，同時也讓老人家覺得有所貢獻，而生活得更有尊嚴。同時在陪伴小朋友的過程中，老人家更因此而感受到生命的活力，而達到樂而忘齡的目的。除了重新認識養老、提前準備養老，也成為迎接超高齡社會的新態度。為謀老年社會學的精進，須積極探討各相關主題：

表 12-11 老年社會學的關懷主題

項目	內涵
老人照護	長期照護、各類型照護發展、照護機構、失智照護、失能照護、居家照護等，同時對於照護機構的服務模式、經營、管理等探討。
防止老化	老年人的健康狀況調查、生活適應、生活品質等；而因老化而帶來的障礙中，又以跌倒、視力障礙、尿失禁為主要的重點。
老人疾病	以常見疾病作為探討，生理疾病方面，如心血管疾病、泌尿生殖疾病。心理疾病方面，以憂鬱症、失智症、精神分裂症為研究主題。
運動休閒	著重於「運動休閒對生活帶來何種影響」，「各類型運動對老年人的幫助」。
老人居住	老人住宅、居住安排、空間設計、老人安養的規劃與經營。
社會福利	社會福利政策，老人年金、老人保險、退休規劃、福利機構、老人人權均為新興的主題。
特殊老人	近年來漸關注各種不同類型的老人，主要是集中於獨居老人及高齡婦女的議題。
終身教育	隨著知識經濟社會，知識半衰期縮短，老人參與教育朝向整體性發展的新趨勢。
銀髮商機	高齡社會將要求調整現有的產業結構，以滿足老年人對物質和精神文化生活的特殊需求。例如發展養老設施產業，增加老年人所需要的社會服務業等。
社會參與	依「年齡」來決定個人退休的時間點，而非視個人的就業意願與工作能力來決定是否繼續工作，也已成為值得注意的問題。相關制度的設計，並非促成參與者能充分發揮個人能力、創造更多集體利益，如增加國家稅收、充實保險金額等，反而是限制了個人的選擇空間。
人口研究	探究、描述老化社會的現象，以及思考如何應對此人口結構的轉變。
健康飲食	關於營養與健康飲食議題，反映在飲食規劃，例如食療、養生等；人們漸接受從自然飲食的方式調養身心的健康。
老人問題	老人自殺、虐待等問題，是日益受到重視的探討議題。

（資料來源：作者整理）

　　國際間現在在談的都是「活躍老化（active aging）」，談的是健康老化，瞭解社區老人的生活經驗後，研究團隊接著設計社區行動介入計畫，包括老人健康教育、老人保健預防運動教導、老人休閒活動推廣、老人居家服務推廣、使用外籍配偶作為居家照顧的推廣實驗、家庭式老人照顧的可行性實驗、老人居家環境改善、老人交通運輸便利計畫、老人參與志工推廣、高齡就業推廣、老人理財知能推廣、老人居家安全改善計畫、社區戶外環境改善計畫等。

　　隨著高齡化的趨勢，老人保健、老人醫療及健康促進等方面，都是現今受關注的議題，也因社會的進步與經濟的繁榮，人們的生活愈來愈文明，對於身體的保健較以往重視，國人的身心健康在醫療上得到改善，使平均的壽命不斷延長，老年人生活上所面臨的問題，除了社會、經濟、醫藥及生理等方面外，最重要是健康促進行為執行的障礙。老化是人生必經過程，每個人都希望自己的老化過程能順利、圓滿，可保持老年期身體的健康，進而享受高齡的生活，但成功老化並不會自動來到，必須靠個人主動追求健康的生活型態，包含抽菸、喝酒、吃檳榔、身體活動、飲食控制、參與休閒活動、人際互動以及預防性健康照護。為降低高齡人口生活上的依賴程度，提高其自主能力可以活得更健康，也積極找出影響健康促進生活型態的方式，例如：健康的飲食、健康體能與加強社會參與、強調老人預防保健等健康行為，以減少社會負擔、醫療浪費等。下一代醫療型態不只是醫院的治療而已，而是要發展成具備「四P」特質的健康照護，來滿足醫療經費緊縮、高齡社會等挑戰，這「四 P」包括了預防（Preventive）、預測（Predictive）、參與（Participatory）和個人化（Personalized）。

　　將老人等同於弱勢，不斷的強調未來將因社會老化而使扶養比例攀升，政策上多著墨於長期照顧計畫，而忽略一般健康長者的生活需求及心理感受。這亦造成社會上普遍的偏頗印象「老人為社會的負擔」，使老人的自尊心受損。以「給予」為主的思維，忽略活化長者豐富的人生資歷，使其仍可積極「參與」社會活動，成為「社會的資產」，強化其自信心。因此除了健康或經濟照顧，亦應提升生活品質、促進社會敬老、親老風氣及協

助開創積極退休人生的高層次規劃。高齡者所需求的不僅是福利,更有教育、健康、經濟等課題需統籌規劃。

　　儘管我國面臨「高齡化」與「少子化」並存的問題,但是,中高齡人力卻有「提早退休」的態勢,尤其是對具有專業背景的中高齡人力而言。根據統計,十年前選擇六十歲以上的退休者超過七成,但是現在卻不超過四成。根據以上的敘述,就臺灣而言,在「高齡化」與「少子化」並存的時代,原本應該充分運用或再運用的中高齡人力卻呈現提早退休的趨勢。結果,就某種程度而言,似乎更增加人力補充來源的困難。因此,如何使中高齡人力、尤其是中高齡專業人力充分再運用以提升國民生產毛額,實有其重要性。中高齡人力有生產力、有效率、尊重工作倫理、忠誠度高、對工作有熱誠、可以成為其他員工的角色模範、可以吸引年長顧客等。而且,更重要地,這些企業體認到中高齡勞動人口在未來勞動市場中所占的比率,僱用中高齡人力可以增加與中高齡人力互動的經驗,為企業未來的經營預作準備。當「高齡化」成為各國共同的問題時,中高齡人力資源的開發與運用應該獲得重視。

　　根據統計,老年人口需要長期照護的比例約占老年人口總數的百分之十,換言之有超過百分之九十的年長者是相對健康的。他們之中或許有人有慢性病症狀,如高血壓、糖尿病等,或有一些身體機能的退化,如重聽、退化性關節炎等,但卻無礙於他們追求更有意義的第二人生。他們的「人生七十才開始」,他們的需求絕非只有長期照顧,而是更全面性的生活支援與社會參與,讓他們的退休人生可以過得更積極、更有活力、更有盼望。

結語

　　二十一世紀是高齡社會的時代,人口結構的快速老化,它對社會的衝擊與影響是全面的,是深遠的,包括財政、經濟、政治、建築、醫藥、衛生、保健、福利、教育、消費、商業、家庭等幾乎無不受波及。目前,世界上所有發達國家都已經進入高齡社會,許多發展中國家正在或即將進入

高齡社會。能夠為高齡者提供其所需的產品和服務，就既能有效帶動高齡者消費，又能夠增加就業，給國家經濟帶來積極的影響，形成良性循環。老年社會學被各領域所重視，且從研究性質來看，目前老年社會學傾向應用與實用科學的發展方向，隨著高齡社會衍生的現象，老年社會學未來可能會出現更多不同的發展機會。高齡化社會或退休危機未來將不僅影響到現有的社會福利制度，並且對於政府財政與世界經濟都將造成危機。銀髮產業不僅可以推動經濟增長，也具有提高老年人生活品質、保障他們身心健康的重要社會功能，是對社會保障的有益補充。藉由銀髮產業和它帶動的產業鏈形成良性循環、健康發展，將有利於保持社會和諧和經濟繁榮。

參考書目

行政院經建會，《中華民國臺灣民國 97 年至 145 年人口推計》（臺北：行政院經建會，2008）。

江亮演，《老人福利與服務》（臺北市：五南圖書出版股份有限公司，1988）。

呂寶靜，《老人照顧：老人、家庭、正式服務》（臺北市：五南圖書出版股份有限公司，2001）。

沙依仁，〈高齡社會的影響、問題及策略〉，《社區發展季刊》（臺北市：衛福部社家署，2005），110 期，頁 56-65。

邱天助，《社會老年學》（高雄：復文圖書公司，2007）。

徐慧娟，〈成功老化：老年健康正向觀點〉，《社區發展季刊》（臺北市：衛福部社家署，2003），103 期，頁 252-260。

陳肇男，《快意銀髮族－臺灣老人的生活調查報告》（臺北市：張老師文化，2001）。

舒昌榮，〈由積極老化觀點論我國因應高齡社會的主要策略－從「人口政策白皮書」談起〉，《社區發展季刊》（臺北市：衛福部社家署，2008），122 期，頁 212-235。

黃富順，《各國高齡教育》（臺北市：五南圖書出版股份有限公司，2007）。

楊國德，〈保障高齡者的終身學習權〉，《臺灣教育》（臺北市：臺灣省教育會，2008），649 期，頁 11-17。

葉宏明、吳重慶、顏裕庭，〈成功的老化〉，《臺灣醫界》（臺北市：中華民國醫師公會全國聯合會，2001），44 期，頁 10-11。

葉至誠，《社會福利概論》（臺北市：揚智圖書出版有限公司，2008）。

蔡文輝，《老年社會學－理論與實務》（臺北市：巨流圖書公司，2008）。

Froland, C.(1981). *Helping Networks and Human Services*. Beverly Hills: sage.

Fred Milson(1987). *An Introduction to Community Work*. New York: Palgrave Macmillan.

Glen O. Gabbard(2007). *Psychodynamic Psychiatry in Clinical Practice*. New York: Pantheon Books.

Thompson, N.(2000). *Theory and Practice in Human Services*. Philadelphia, Penn.: Open University Press.

WHO，《馬德里高齡問題國際行動計畫》（聯合國，2002）。

秀威經典

實踐大學數位出版合作系列
社會科學類　PF0182　健康網 04

老年社會學

作　　者 / 葉至誠
統籌策劃 / 葉立誠
文字編輯 / 王雯珊
責任編輯 / 洪仕翰
圖文排版 / 楊家齊
封面設計 / 蔡瑋筠

出版策劃 / 秀威經典
發 行 人 / 宋政坤
法律顧問 / 毛國樑　律師
印製發行 / 秀威資訊科技股份有限公司
　　　　　114 台北市內湖區瑞光路 76 巷 65 號 1 樓
　　　　　電話：+886-2-2796-3638　傳真：+886-2-2796-1377
　　　　　http://www.showwe.com.tw
劃撥帳號 / 19563868　戶名：秀威資訊科技股份有限公司
　　　　　讀者服務信箱：service@showwe.com.tw
展售門市 / 國家書店（松江門市）
　　　　　104 台北市中山區松江路 209 號 1 樓
　　　　　電話：+886-2-2518-0207　傳真：+886-2-2518-0778
網路訂購 / 秀威網路書店：http://www.bodbooks.com.tw
　　　　　國家網路書店：http://www.govbooks.com.tw

2016 年 9 月　BOD 一版
定價：300 元
版權所有　翻印必究
本書如有缺頁、破損或裝訂錯誤，請寄回更換

國家圖書館出版品預行編目

老年社會學 / 葉至誠著. -- 一版. -- 臺北市：秀
威經典, 2016.09
　　面；　公分. -- (社會科學類；PF0182)(健康
網；4)
　BOD 版
　ISBN 978-986-92973-7-0(平裝)

　1.老人學

544.8　　　　　　　　　　　　105016041

讀 者 回 函 卡

感謝您購買本書，為提升服務品質，請填妥以下資料，將讀者回函卡直接寄回或傳真本公司，收到您的寶貴意見後，我們會收藏記錄及檢討，謝謝！
如您需要了解本公司最新出版書目、購書優惠或企劃活動，歡迎您上網查詢或下載相關資料：http:// www.showwe.com.tw

您購買的書名：＿＿＿＿＿＿＿＿＿＿＿＿＿＿＿＿＿＿＿＿＿＿＿＿

出生日期：＿＿＿＿＿＿年＿＿＿＿＿＿月＿＿＿＿＿日

學歷：□高中 (含) 以下　　□大專　　□研究所 (含) 以上

職業：□製造業　□金融業　□資訊業　□軍警　□傳播業　□自由業
　　　□服務業　□公務員　□教職　　□學生　□家管　　□其它＿＿＿＿

購書地點：□網路書店　□實體書店　□書展　□郵購　□贈閱　□其他

您從何得知本書的消息？

　□網路書店　□實體書店　□網路搜尋　□電子報　□書訊　□雜誌
　□傳播媒體　□親友推薦　□網站推薦　□部落格　□其他＿＿＿＿＿＿

您對本書的評價：（請填代號　1.非常滿意　2.滿意　3.尚可　4.再改進）

　封面設計＿＿＿　版面編排＿＿＿　內容＿＿＿　文／譯筆＿＿＿　價格＿＿＿

讀完書後您覺得：

　□很有收穫　□有收穫　□收穫不多　□沒收穫

對我們的建議：＿＿＿＿＿＿＿＿＿＿＿＿＿＿＿＿＿＿＿＿＿＿＿＿

＿＿＿＿＿＿＿＿＿＿＿＿＿＿＿＿＿＿＿＿＿＿＿＿＿＿＿＿＿＿＿＿

＿＿＿＿＿＿＿＿＿＿＿＿＿＿＿＿＿＿＿＿＿＿＿＿＿＿＿＿＿＿＿＿

＿＿＿＿＿＿＿＿＿＿＿＿＿＿＿＿＿＿＿＿＿＿＿＿＿＿＿＿＿＿＿＿

11466
台北市內湖區瑞光路 76 巷 65 號 1 樓

秀威資訊科技股份有限公司　　　收

BOD 數位出版事業部

....

（請沿線對折寄回，謝謝！）

姓　　名：＿＿＿＿＿＿＿＿＿　年齡：＿＿＿＿　性別：□女　□男

郵遞區號：□□□□□

地　　址：＿＿＿＿＿＿＿＿＿＿＿＿＿＿＿＿＿＿＿＿＿＿＿

聯絡電話：(日) ＿＿＿＿＿＿＿＿＿　(夜) ＿＿＿＿＿＿＿＿＿

E-mail：＿＿＿＿＿＿＿＿＿＿＿＿＿＿＿＿＿＿＿＿＿